백년문장

이마로

미지의 도시에선 한글 문장이 그립다.

이 도시 저 도시를 보행하는 도시 여행자로 살고 있다.
긴 업무 시간은 건강에 해롭다.
삶이라는 여정을 기업 시스템에 억지로 끼워 맞추고 싶지 않았다.
날씨와 계절에 따라 움직이고 골목 특유의 향에 이끌려 다닌다.
지금은 항구 도시 어귀에 자리 잡고 일을 하고 있다.
도서관, 카페, 창업 센터 등에 출몰하고 프로젝트를 마치면
1인 소파에 앉아 명작 반열에 오른 작품을 찾아 읽는다.

진지하니까 궁서체

초판본

궁서체

궁서체는 선이 맑고 곧으며 단아하고 아름답다.

조선 시대 중기 이후, 궁녀들이 한글을 보다 빠르고 유연하게 쓰기 위해 사용한 한글 필사체다.
20세기에 들어서면서 여성들뿐만 아니라 남자 서예가들도 글씨를 채택해서 쓰고 있다.

NO

언제부터인가,
사람들은 문장의 힘을 믿지 않는다.

기억하는가.
봄바람이 불어오면, 대문 앞 종이에 붙어있던,
먹으로 쓴 문장들.
생전 할아버지 모습이 기억난다.
화선지에 문장을 써내려갔던 붓의 움직임.
먹물이 번지며 그려지던 검은 글자
할아버지 기원은 문장이 된다.

백 년 고독과
백 년 사랑과
백 년 감성이

다시 살아난다.

서문

백 년을 살아온 문장들에게

밤이 오면 생각이 날아다닌다. 그런 계절에 엉거주춤 서 있다.

문장은 하루를 정제하는 마력을 지니고 있다. 그래서 문장을 읽다가 어느 순간 충동이 일어나 천천히 필사하게 된다.
써놓고 소리 내어 읽으면 스님이 내리치는 죽비 소리가 된다.
요동쳤던 마음이 정리된다.
문장은 내 몸을 차갑게 식혀서 이성적인 자세를 갖추도록 했다. 백 년 문장을 떠올리며 셔츠를 입는다. 부등호 같은 구멍에 단추를 채웠다.

 깊은 밤에 드라큘라 백작을 쫓는 사냥꾼 반 헬싱처럼 문장을 파헤쳤다.

 백 년 문장 하나 발견하면 마성의 만병통치약을 발견한 양 행운을 거머쥔 날이었다.

 잊고 살았던 문장을 접하니 놀라웠다. 살면서 필요한 섯들인데 무심코 흘려듣다가 타 작품 속에서 반복되는 메시지가 발견되었을 때 놀라움을 감출 수 없었다.

 인디언 추장의 언어,
 스테디셀러 작가의 문장,

지금은 잊혀진 세상을 리드했던 선구자의 삶의 규칙,
독자를 흔들었던 마성 감성,
철학자의 명제,
코미디언의 희극 언어
등을 찾았다.

문장을 찾아 떠나는 여행은 유독 즐거웠다. 마치 시간 여행자가 된 것처럼 서가로 호출되어 문장을 탐닉했다.
문장이 뿜어내는 백 년 개성에 한 번,
그 백 년 감성에 또 한번 놀랐다.

백 년 문장은 오래 묵은 간장이다.
문장이 발효되다니,
곱씹을수록 다른 맛으로 해석될 수 있다는 사실에 놀라서.
옷깃을 여미고 합장했다.

낡은 인쇄기 탈탈거리는 을지로 3가 인쇄골목에서
곧 출간된 신간 '백 년 문장'을 기다리며
세상 모든 문장들에게
감사의 인사를 전한다.

> 말줄임표 모양으로 흩어진 이파리를 보며
> 19. 8. 15

목차

006   **서문** 백 년을 살아온 문장들에게

1부 강철 문장

016   보장된 삶을 사는 국민이 되는 걸 거절한다
020   디지털 유목민 세상을 꿈꾸던 작가
024   당신 스스로
028   멋진 자축
032   자기 의견을 증명하기 위해
036   남이 나보다 더
040   고통을 참아야 코미디가 나온다
044   영업자들을 위한 비즈니스 문장

2부 묘비명 문장

050   두렵지만 피해 갈 수 없는 문장
054   마부여, 무심히 지나가라
060   아쉬움이 없어라
064   주위 현명한 친구가 많으면 부자
068   일어나지 못해서 미안
070   베르톨트 브레히트의 어머니

3부 거울 문장

074 _____ 거울과 대화하는 외로움

080 _____ 길 위의 방랑자

084 _____ 지루하지 않는 삶

088 _____ 초행이라면 사소한 규칙을 주의 깊게 보라

092 _____ 겨울에는 눈이 내리는 마을로

096 _____ 좋은 시절은 빨리 사라져

100 _____ 침묵은 곧 두려움

104 _____ 소소하지만 확실한 행복 회로

108 _____ 오래된 것이 좋은 것

112 _____ 숲에서 살아볼 용기

114 _____ 당신은 이미 파랑새가 있는 곳을 알아

118 _____ 고독 왕자

122 _____ **삐삐롱스타킹 이상해지자**

124 _____ 전설적인 문장 수집가

126 _____ 신사다움을 찾는다는 건

4부 깃털 문장

132 　　　 오이소! 보이소! 사이소!
134 　　　 해적이 되자
138 　　　 그냥 하자
140 　　　 동양 고전 속 길
144 　　　 초콜릿 공장장 허쉬

5부 표구 문장

148 　　　 웃으려고 왔던가
152 　　　 흥정의 방법
154 　　　 자기 논리는 확실하게 기억하라
158 　　　 음식 활기 노래는 인생 3요소
160 　　　 새로운 척 흉내 그만
162 　　　 마케팅 원조 괴벨스

6부 시 문장

168 　　　 백석 어머니를 만나다
176 　　　 인기 시인의 첫 문장
180 　　　 멋진 문장이 쏟아지는 5월
186 　　　 고양이 수염에 달려있는 봄
190 　　　 백 년 여행의 호흡

194 ─── 황혼을 마셔버릴 기세
200 ─── 이 땅에 당신과 나
206 ─── 가을이 오면 시몬을 호출하고 싶어진다
210 ─── 환히 너를 비추니
216 ─── 릴케의 서가 예찬

7부 불완전한 사랑 문장

224 ─── 연애 시를 쓰는 스님
228 ─── 유치하지만 찬란한 문장
232 ─── 세월이 가면
238 ─── 잔인하지만 아름다운 사람

8부 백 년 문장을 벽에 걸었더니

242 ─── 백범의 리더 문장
244 ─── 사람 그릇의 크기
246 ─── 백 년 묵은 불편한 감정과 독기
250 ─── 말할 수 없는 것에 대해 침묵
254 ─── 살기 위해

1

강철 문장

리더, 기업가, 예술가, 영화배우, 코미디언이 쓰는 문장

강철 같다고 느끼다.

단단하다,
돌에 각인된 문자처럼

국가 비호 아래 보장된 삶을 사는
국민이 되고 싶지 않다.
그것은 타인에게 무시당하는 일이고
내게도 고통스러운 일이다.

내게는 꿈이 있고 나는 창조를 원한다.

앙트러프러너(창업자를 위한 잡지) 발간사, 토마스 페인

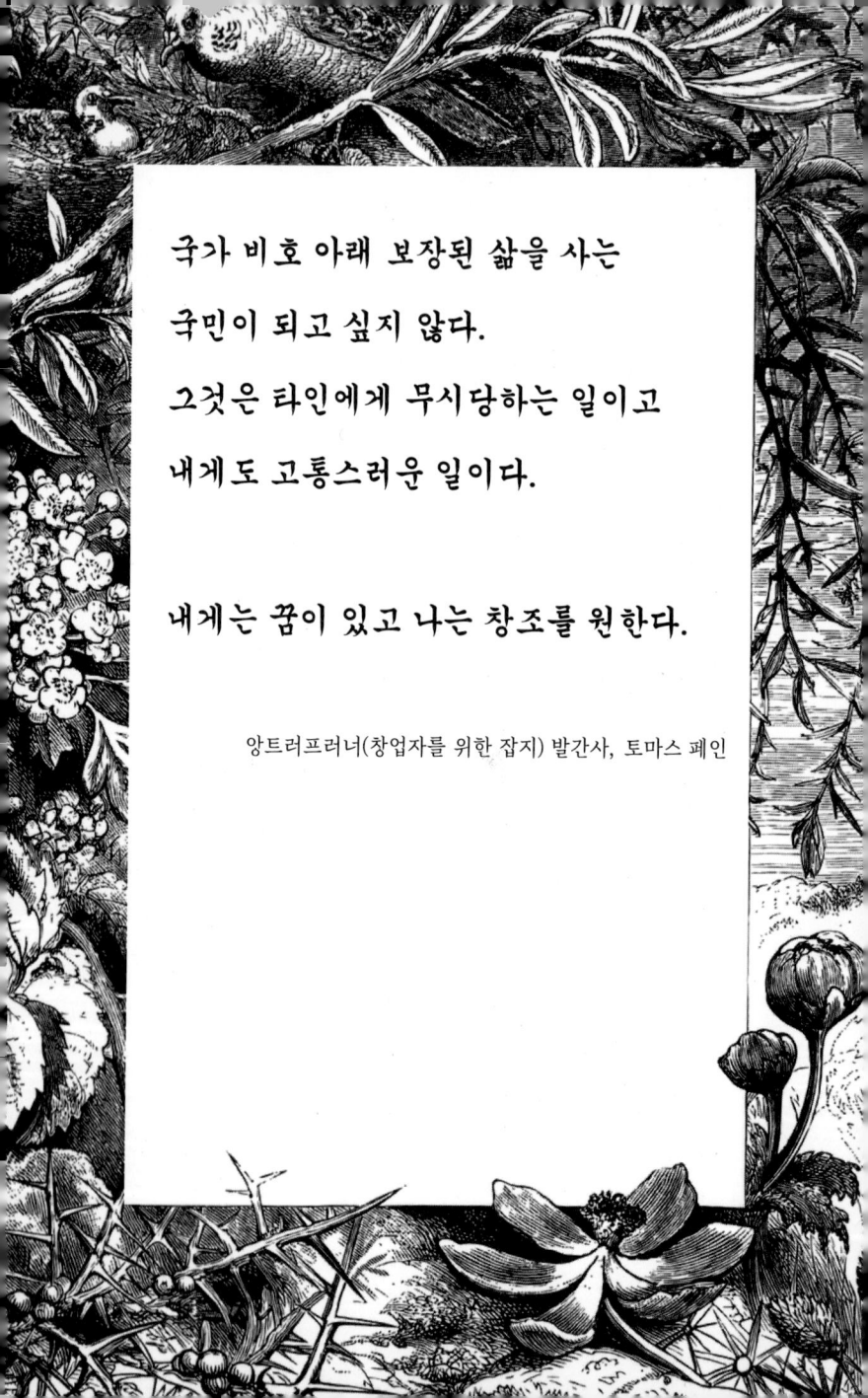

내게는 꿈이 있고 나는 창조를 원한다.

기업가의 꿈이 얼마나 크길래 신만이 할 수 있는 창조를 원한다니. 평범한 사람이 듣는다면 놀랄 수밖에 없다.
국민이 되는 것 보다 꿈을 창조하겠다니.
대담한 문장이다.
물론 발간사 마지막 부분에서는 신의 도움으로 성공할 수 있었다고 마무리를 짓지만, 꿈의 크기가 거대해서 측량할 수 없는 단어 '창조'를 품고 있다. 대담한 포부가 담겨 있다.
창조라는 단어는 아무나 쓰는 용어가 아니다. 창조는 신이 우주 만물을 처음 만들었을 때 사용했던 말이다. 인간 영역에 있는 일상어가 아닌 신의 영역에 가서 노닐어야 쓸 수 있는 종교 용어이다.

기업가의 다짐이 이 정도까지 컸나.

국가 비호 아래 보장된 삶을 사는 국민이 되고 싶지 않다.

국가의 보호에서 벗어나고 싶다는 문장에 전율을 느꼈다.
국경을 넘어 국가를 가볍게 초월하고, 게다가 창조를 원한다는 대목에서는 입을 다물 수 없었다.

이 문장은 백 년도 더 된, 오래전에 쓰였다.

1904년 '앙트러프러너(프랑스어로 창업자)' 잡지 발간사에 처음 실렸다.

처음부터 기업가의 신조로 쓰인 건 아니다. 이 글을 처음 쓴 작가는 미국 독립에 기여한 사상가 토마스 페인이었다. 1776년에 '상식'을 썼는데 '앙트러프러너Entrepreneur' 잡지 발간사가 이 구절을 인용했다.

잡지 '앙트러프러너'에 실린 후, 100여 년이나 흐른 지금 세상은 바뀌었지만 잡지 첫 페이지 발간사만은 옛 그대로 실었다.

이 백 년 문장은 일명 기업가의 신조로 기업가들에게 지대한 영향을 끼쳤다. 기업가를 꿈꾼다면 이 정도의 다짐은 필수라고 말한다.

기업가 신조

나는 보통 사람이 되고 싶지 않다.
능력만 있다면 특별한 사람이 될 권리가 있다.
기회를 추구하고 현실에 안주하지 않는다.

국가 비호 아래 보장된 삶을 사는 국민이 되고 싶지 않다.
그것은 타인에게 무시당하는 일이고
내게도 고통스러운 일이다.
내게는 꿈이 있고 나는 창조를 원한다.

나는 실패도 성공도 모두 맛보고 싶다.
나는 당당하고, 자신감 넘치며
그 무엇도 두려워하지 않는다.
용감하게 이 세상과 맞서, 자랑스럽게 말한다.

신의 도움으로 나는 이미 성공했다고.

> 컴퓨터가 일상화된 세상에서는
> 우리가 살고 싶은 곳 어디에서든
> 살 수 있도록 해준다.
>
> 사업가든 회사원이든 자신이 원하는
> 지구상 모든 곳에서 생활할 수 있다.
>
> 우리가 도시에만 붙어있지 않아도 된다.

오전 10시, 와이파이를 이용하러 카페에 갔다.

스마트폰을 들여다보며 일을 했다. 거래처에 주문을 보내기 위해 팩스 어플을 실행했다. 문서를 작성해서 이미지 파일로 변환한 후, 보내는 데 걸리는 시간은 15분. 로딩하는 동안 핫 초콜릿을 마셨다.

밖을 보니, 사람들이 비즈니스를 수행하려고 부지런히 어딘가로 걷고 있었다. 여기는 홍콩 구룡반도의 한 호텔. 이틀 전만 하더라도 인천국제공항에 있었는데.

나는 마치 세계 도시를 전전하는 첩보원이 된 것 같은 기분이 들었다. 구입한 지 육 개월 된 스마트폰을 만졌다. 반짝반짝 빛나는 광

국내든 해외든
원하는 곳에서 살 수 있게 된다.

SF소설가, 아서 C. 클라크

택과 매혹적인 곡선을 보며 설렘까지 느낀다.

신제품 스마트폰 광고가 머릿속에 떠오른다. 미끈한 디자인을 선보이며 소비자들에게 구입하라며 유혹한다. 자사 제품을 들고 바깥 세상을 바람처럼 자유롭게 돌아다니라고 말한다.

그 세상은 디지털 노마드Digital Nomad의 세상이다.

디지털 노마드란 스마트폰, 노트북만 있으면 세상 곳곳을 돌아다니며 일하는 디지털 유목민을 말한다. 그들은 자유로운 방랑자들이다.

와이파이가 갖춰진 환경에서 무슨 업무든 수행할 수 있기에, 카페, 도서관, 게스트하우스, 비즈니스호텔 등이 일터가 될 수 있다. 카카오톡, 텔레그램, 왓츠앱 같은 메신저로 멀리 떨어진 대상과 대화할 수 있고 화상 전화로 업무를 수행할 수 있다.

세상 어느 곳이든 와이파이 환경이 잘 갖춰진 카페에서 업무를 보고 일이 끝나면 푸른 파도가 넘실대는 바닷가에서 서핑을 하면서 지낼 수 있다. 이런 삶은 현대인들에게 꿈이 아닌 현실이 되었다.

불과 이십 년 전만 해도 이런 삶은 상상하기 어려웠다. 항공권은 턱 없이 비쌌다. 나라마다 입국 증명서를 발급받기가 까다로웠다.

개인용 컴퓨터가 상용화되기 이전인 1970년대나 1980년대까지만 하더라도 한국에서 하던 업무를 가져다가 미국에서 간편하게 일 처리하는 것은 불가능한 일이었다.

그런데 현대 IT 사회를 보라. 스마트폰은 흔해져서 2년마다 바꾸는 통과의례로 여길 정도로 기술이 발달했다. 쉽게 구할 수 있는 기기야말로 문명 기술이 집약된 예술품이란 사실을 쉽게 잊는다.

아서 C 클라크가 그렇게 바랐던 미래가 바로 IT가 발달된 현대 사회다. 그는 디지털 노마드 세상을 예측했고 이를 통해 황홀한 미래가 펼쳐질 것을 예견했다.

우리는 그런 거짓말 같은 세상에 살고 있다.

아서 C 클라크는 SF 대표 소설가로 아이작 아시모프, 로버트

A. 하인라인과 더불어 3대 영미 SF 소설가로 꼽힌다. '스페이스 오디세이', '유년기의 끝' 등의 작품이 냈는데, '스페이스 오디세이'의 경우, 영화감독 스탠리 큐브릭이 <2001 스페이스 오디세이> 제목으로 영화화했다. 소설과 영화 모두 죽기 전에 꼭 읽거나 봐야 할 고전으로 손꼽힌다.

아서 C 클라크 문장 앞에서 숙연해지는 순간이 있다.
심심풀이 땅콩으로 버스를 기다릴 때, 고층 엘리베이터를 기다릴 때, 스마트폰을 들여다보며 시시한 댓글 놀이를 하다가 문득 아서 C 클라크의 말을 떠올리면 미안하다.
아서 C 클라크는 1956년 스리랑카 콜롬보 바닷가로 가서 스쿠버 다이빙을 즐겼다. 소아마비 후유증으로 몸이 불편했는데, 스쿠버 다이빙을 하면서 물에서 자유롭게 움직이고 싶어 하는 욕구를 실행했다.

지금 이 순간이 그가 꿈꾸던 세상이다.

아서 C 클라크는 2008년 3월에 고인이 되었다.
그가 살아있었다면, 그리고 좀 더 건강했다면, 노트북과 스마트폰을 들고 해변가를 활보하며 집필에 몰두했을 것이고 창작 업무를 마치면 그렇게 좋아했던 스쿠버 다이빙을 즐겼을 것이다.

사람들은 시간이
사물을 변화시킨다
고 하지만,
사실 당신 스스로
그것들을 변화시켜
야 한다.

예술가 앤디 워홀

때로는 주변에 있는 사람이 스승일 때가 있다.

출판 계약하러 만난 작가와 대화를 나누던 중, 밑줄을 쭉 그을만한 말이 나왔다.

"우리는 가르쳐주는 대로 배우기만 했잖아요, 어쩌면 수동적으로 움직이게끔 교육을 받아온 것일지도 몰라요."

미처 생각하지 못했던 이야기에 충격을 받았다. 뒤를 돌아보는 계기가 됐다. 지내온 과거를 곰곰이 생각해보니, 누군가 만들어놓은 틀에 얽매여 살았다. 정해진 시간에 학교에 도착했고, 정해진 교육 과정에 따라 학습해야 했으며, 교육학 전공자가 제시하는 과목을 수강했다. 선생님이 추천해주는 책을 읽었다.

의구심을 품지 않았다. 모두 그렇게 살아가니까.

내가 만든 약속과 계획이 아니었다. 타인이 통솔하려고 만든 강요에 맞춰 살았다.

점점 나이가 들고 세상이 변하고.

우리가 옳다고 생각했던 가치관이 지금은 통하지 않게 되었다.

시간이 우리를 변화시켰다고 생각하지만, 이건 다 통솔자가 시키는 대로 해왔기에 드는 생각이다. 회사 정년을 마치고 퇴임할 때 되어서야, 단 한 번도 주도적인 삶을 살지 못하고 타인이 만들어놓은 틀에 맞춰 살았다고 후회를 할까 봐 두렵다.

그때 이 문장이 떠올랐다.

**사람들은 시간이 사물을 변화시킨다고 하지만,
사실 당신 스스로 그것들을 변화시켜야 한다.**

주도적인 삶이란 무엇인가.

주도적인 삶은 스스로 계획하고 실행하는 삶을 말한다.

리더의 삶에 가깝다. 스스로 변화시켜야 한다고 믿는 사람이 진정한 예술가라고 앤디 워홀은 말한다.

앤디 워홀은 일반인들이 생각하는 예술 개념을 바꿨다. 보통 화폭에 그리는 미술 작품, 조각 등을 예술이라고 생각했는데, 그가 확장한 예술은 폭넓다.

통조림 상품 디자인이나, 코카콜라병, 마릴린 먼로와 같은 대중스타, 관광객으로 북적이는 뉴욕 길거리, 벽화를 그리는 그라피티 등도 팝아트라는 이름의 예술로 불리게 만들었다.

예술이라는 개념이 시대 변화로 자연스레 바뀐 것이 아니다. 앤디 워홀이 주도하여 예술의 개념을 새롭게 변화시켰다.

앤디 워홀은 1949년에 뉴욕 맨해튼으로 왔으며 1950년대 일러스트레이터로 활동했다.

1960년대에 대중적으로 유명한 스타들을 실크스크린 기법으로 복제하여 반복적인 상품 이미지를 나열한 작품이 알려졌다. 회화에 반하는 반회화와 반예술 영화를 제작하여 팝아트 대표 미술가로 떠오른다.

'인터뷰Interview' 잡지를 발간했으며 미술집단 팩토리를 운영하며 예술가들을 비롯한 팝스타들과 교류했다.

와인 한 잔을 마시며 자축했을 뿐.

2002년 6월 15일 16강 진출 확정지은 후, 거스 히딩크

"우리도 반란의 주인공이길 바란다."

2002년 월드컵을 앞두고 당시 감독이었던 거스 히딩크의 인터뷰 중 한 대목이다. 그저 흘려듣기에는 강렬하다. 반란이라는 단어를 잘 쓰지 않는 사회적 분위기 속에서 반란이라니. 처음 들은 사람은 고개를 갸웃거렸다.

히딩크는 감독으로 부임하자 학연 지연이 아닌 오로지 실력 하나만 보고 가능성 있는 선수를 국가 대표로 선발했다.

월드컵을 1년 앞두고 강팀과 평가전을 했지만 체코한테 5 대 0 점수 차로 처참하게 패배한다. 언론과 여론은 오대영이라는 별명을 지어주며 비아냥거렸다. 언론과 여론뿐 아니라 축구 팬들은 감독을 경질하라며 비난을 쏟아냈다.

그들의 비난은 신문 지면에 활자화되어 함부로 펜 대를 놀린 자들의 흑역사로 남아있다.

2002년 6월 1일 개막전에서 세네갈이 프랑스를 상대로 1 대 0으로 우승하는 이변을 일으켰다. 히딩크 감독은 약체로 알려진 팀이라도 세계적인 팀을 무너뜨릴 수 있다며 우리도 이변을 일으킬 수 있다고 희망을 전했지만 축구팬들은 반신반의했다.

정작 히딩크의 말을 들은 월드컵 대표팀 선수들 눈빛은 달랐다. 각오를 다짐하는 눈빛이었다.

폴란드 전에 앞서 공략당할 수 있는 정보를 최대한 숨기고 언론에 노출하지 않았다. 비디오를 보며 폴란드 공략법을 찾았다.

2002년 6월 4일 황선홍 선수와 유상철 선수가 넣은 골로 2 대 0으로 승리를 거둔 것을 시작으로 승승장구한다. 대한민국이 월드컵 경기에 참가한 이래 최초로 16강 진출을 하게 된다.

염원하던 16강에 들자 대한민국은 난리가 난다.

언론은 태극전사라며 칭송했고 히딩크의 리더십을 칭찬하는 말들로 도배되었다. 16강을 축하하는 파티를 열었냐는 질문에 히딩크의 답변은 담백했다.

"와인 한 잔을 마시며 자축했을 뿐."

16강이라는 목표에 도달했지만 히딩크는 흥분하지 않았다.

"나는 아직 배고프다" 며 명언을 남겼다.

이후 파죽지세였다. 강팀 이탈리아, 스페인을 차례로 꺾는다.

전국적으로 국민이 눈물을 흘리며 반란의 주인공들을 축하하러 거리로 뛰쳐나왔다. 국가적 경사에 집에만 있기 아쉽다며 길거리로 나와 응원전을 펼쳤다.

비난 일색이었던 언론들도 뒤늦게 히딩크의 마법이라며 대서특필했다. 기자들도 이성을 잃었다. 타 섹션 기자들도 정치 경제 기사는 뒷전이고 월드컵 승리를 분석하는 스포츠 기사로 도배되었다.

언론도, 축구팬도, 국민들도 은연중 알고 있었을 것이다. 반란의 주인공이 될 기회는 승리한 그 순간이란걸.

운전자들도 집으로 가지 않고 거리를 쏘다니며 축제의 여운을 만끽했다. 나는 친구들과 혜화동 대학로에 나와 거리 축제를 즐겼다. 어떤 사람은 두루마리 휴지를 풀어 한삼 삼아 탈춤을 췄다.

당시 일화를 후배들과 치킨집에서 이야기했다.

"설마 길거리에서 미친 사람처럼 탈춤 췄겠어요?"

그때를 경험하지 못했던 후배 한 명이 믿을 수 없다고 했다. 그럴 때 딱히 대답할 수 없었다. 그 시절을 겪었음에도 후배의 말에 동감했다. 연전연승을 한다는 건 소년 만화에서나 벌어지는 일이었다.

"암, 상식적으로 생각해선 믿어지지 않는 이야기지. 반란의 주인공들을 맞이하던 미친 시절이었지."

한때 히딩크의 말을 의심했던 사람들, 비판했던 언론들, 비난했던 축구 팬들이 안면을 싹 바꾸고 거리로 나와 반란을 주도한 감독을 축하했다.

하지만 히딩크 표정은 담담했을 뿐.

와인 한 잔을 마시며

자축했을 뿐.

많은 이들이 저를 모험가라고 부르겠지만

저는 다른 류의 모험가입니다.

자기 의견을
증명하기 위해
목숨을 거는 모험가입니다.

체 게바라

스티브 잡스는 '혁신'이라는 단어를 유행시켰다.

2011년에 운명한 애플 컴퓨터사 창업주 스티브 잡스가 일으킨 혁신은 유행어가 되어 각계각층 리더 또는 관료들이 툭하면 쓰는 단어가 되었다.

하지만 혁신이 유행하기 전, 세상을 뒤흔든 단어가 있었다. 이 단어를 쓰려면 기본적으로 목숨을 걸어야 한다.

혁명.

혁명은 헌법의 테두리를 벗어나 국가 기초, 사회제도, 조직을 근본적으로 뜯어고치는 일이다.

혁명하면 떠오르는 인물, 체 게바라.

급진적인 사상가나 이론가로 알려져 있지만, 실상 체 게바라는 이론가가 아닌 행동가이다. 직접 몸을 바쳐 혁명을 이끌었다. 인간다움을 위해 미 제국주의에 맞서 투쟁했다.

혁명을 부르짖었고, 혁명을 위해 목숨을 걸었다.

체 게바라는 1928년 아르헨티나에서 태어났다.

지병인 천식이 있어서 산소호흡기를 소지하고 살아야 했다. 럭비나 수영으로 이를 극복하려 시도했다. 아픈 몸 상태를 스스로 치료하고자 의사를 지망했으며 의술 공부를 했다.

의사라는 의료인으로 살아가기 직전에 인생을 일대 전환하는 경험을 한다. 오토바이를 타고 라틴 아메리카를 여행한다.

즐거운 여행이었으면 좋았겠지만 현실은 녹록지 않았다.

가난한 이들이 착취당하는 삶을 목격한다. 그에 반해 미국 마이애미에서 시민들이 흥청망청 즐기는 환락을 목격한다. 극과 극의 체험을 한 후 혁명가로 거듭나기로 결심한다.

경험을 영화로 옮긴 것이 영화 <모터바이시클 다이어리>이다. 젊은 시절의 체 게바라가 여행을 통해 혁명에 눈 뜨는 과정을 그렸다.

그는 민중이 되려면 무력이 필요하다고 느끼고 행동에 옮긴다. 게릴라로 활동하며 혁명가가 된다.

라틴아메리카 혁명을 위해 싸우다가 미 정보국 CIA의 지원을 받은 볼리비아 정부군과 전투에서 체포되어 1967년 10월에 사살당했다.

1997년 비밀리에 매장된 사체가 발견되고 쿠바 정부는 국장으로 추모한다. 산타클라라에 체 게바라를 추모하는 사원이 있다.

쿠바를 언급하면 떠오르는 인물이 되었지만 체 게바라는 글로벌 관광상품이 되기도 했다.

세계 각지의 기업들이 저작권이 없는 체 게바라 이미지를 상업 광고로 썼다. 그의 혁명 이미지가 기업 광고로 쓰인다는 사실은 아이러니한 일이었다. 그는 더 유명해졌다.

체 게바라 초상에는 항상 따라다니는 말이 있다.
아스다 라 빅토리아 씨엠쁘레 ¡Hasta La Victoria Siempre

승리할 때까지 영원히!

역사적으로 가장 유명한 악당 중 한 명인 히틀러도 '혁명'을 한다고 부르짖었다. '혁명'이란 단어 속 투사 이미지를 빌린 것이다. 정치인 선동가들이 자신의 인기를 얻는데 혁명을 이용했다. 후에 그들이 혁명에 걸맞지 않은 사람이라고 판별되었지만 당시엔 몰랐다.

그런 '혁명'이 다른 단어에 밀려 사라지고 있다. '혁명'을 자주 언급하던 세대는 이미 할아버지가 되었거나 정치계에서 물러났다.

'혁명'은 잊을만하면 광고 카피나 영화 광고, 유행가 가사에 등장한다. 공통점이라면 목숨을 걸지 않는 지극히 상업적인 '혁명'이라는 점이다.

'혁명'이 가벼워지자 '혁신'이 대두되는 건 시대적 부름이었다.

> **다른 사람들이 먼저고
> 나는 그다음이다.
> 남이 나보다 중요하다.**

뉴욕 지하철을 탔다. 나라마다 지하철 풍경은 특색이 있는데, 뉴욕 지하철에선 빈자리가 있어도 승객들이 앉지 않았다. 자리에 앉고 싶어 하는 누군가를 위해 좌석을 양보하는 미덕을 보였다.

멋지다. 순간 뉴욕을 활보하며 뉴요커 역할을 했던 60여 년 전의 오드리 햅번이 떠올랐다.

오드리 햅번은 자식에게 타인을 존중하라고 가르쳤다.

그녀는 지위고하를 막론하고 화기애애한 현장을 만드는 능력이 있었다. 그녀만의 분위기가 그대로 전해졌을까. 주변에 능력 있는

그러니 얘야,

투덜거리지 말고

참고 하렴."

영화 배우, 오드리 햅번

인재들이 일할 거리들이 있으면 같이 해보자며 불렀고 아카데미 영화상 여우주연상을 수상하며 좋은 결과를 이끌어냈다.

최근 인터넷에선 댓글로 비난하는 일이 잦다. 자기감정에 솔직하다는 이유로 타인의 감정을 무시하며 벌어지는 갈등이 심각하다.

팀원끼리 설전이 벌어지고 감정의 골은 SNS에 이어져 그대로 노출된다. 상소리가 섞인 설전은 지인들에게 널리 유포된다. 절로 얼굴이 화끈해진다.

프로젝트 단위로 일하는 영화, 건축, 광고, 크리에이티브, 출판 등과 같이 이해관계에 따라 모이고 마무리되면 헤어지는 관계는 특히 남을 존중할 필요가 있다.

'나'가 중요하다고 내세우는 시대에 '남'이 중요하다고 불만을 내세울 수 있다. '나'를 내세우는 자존적 영역을 확장하는 시대다.
허나 개인이 억지 의견을 내세우면 프로젝트가 망한다. 크리에이티브처럼 협업을 할 때는 공동의 목표 아래 타인 의견에 귀 기울이고 창의적 풍토를 조성하는 데 힘써야 한다.
이론으로는 잘 알지만 막상 실천하려니 어렵다.
사실 형제자매와 일해도 크고 작은 분쟁이 생기는데 하물며 생판 모르는 남과 일할 때는 갈등이 벌어진다.

오드리 햅번은 유독 갈등을 부드럽게 풀어내는 영화배우였다. 독특한 기품을 지닌 여배우였는데 그녀는 자식에게 이렇게 타일렀다.

"다른 사람들이 먼저고 나는 그다음이다.
남이 나보다 중요하다, 그러니
얘야, 투덜거리지 말고 참고 하렴."

평판으로 사는 여배우인 그녀라고 해서 갈등이 빗겨나가는 건 아니다. 부드럽게 풀어내는 자신만의 노하우가 있었다.

그녀는 인권에 관심이 많았다. 살아온 생애로 증명했는데 노년에 유니세프 어린이를 위한 봉사 활동을 하며 살았다. 세간의 평판에 의하면 마음까지 우아한 배우로 알려졌다.

1953년 윌리엄 와일러 감독 영화 <로마의 휴일>에서 주연이 되었고 영화 <티파니의 아침을>에서 파격적인 연기로 최고의 인기 여배우가 되었다. 그녀의 스타일 사고방식을 사랑하는 팬들로 인해 아름다움의 상징이 됐다.

그녀는 아름다움에 대한 확고한 생각을 가지고 있었다.

아름다운 자세를 갖고 싶으면,
결코 너 자신이 혼자 걷고 있지 않음을 명심하라.

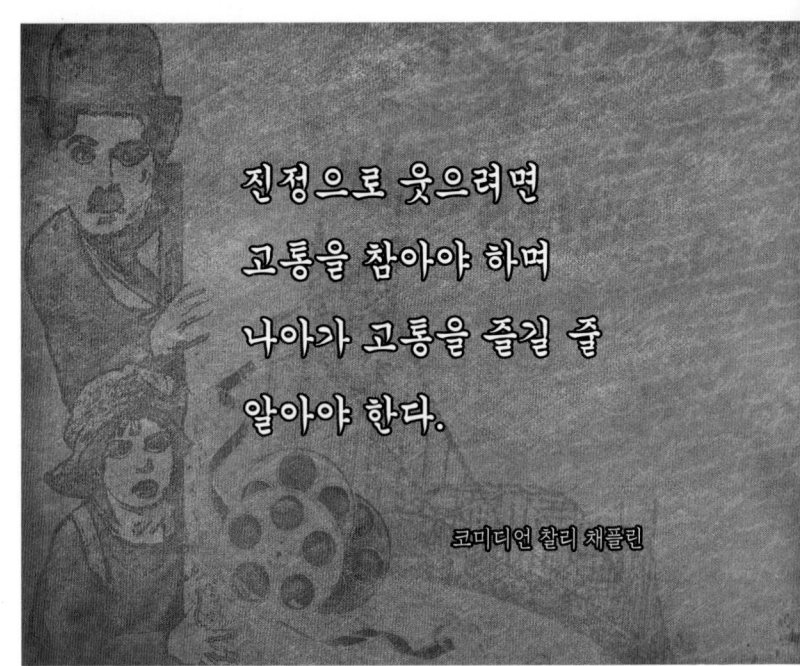

진정으로 웃으려면
고통을 참아야 하며
나아가 고통을 즐길 줄
알아야 한다.

코미디언 찰리 채플린

지방 출장 길에 점심 식사를 하러 식당에 들렀다. 티브이에 한창 유명한 코미디언들이 슬랩스틱 코미디를 하고 있었다. 머리에 막걸리 주전자와 쟁반을 이고 논두렁을 달리고 있었다.

비가 오는 논두렁은 꽤 미끄러워 보였다.

코미디언은 지금껏 보지 못했던 기상천외한 포즈로 공중에 몸을 띄워 철퍼덕 넘어졌다. 뒤이어 나오는 코미디언은 더 웃기는 포즈였는데 논두렁으로 튀어올랐다가 주르륵 미끄러졌다.

나도 모르게 깔깔 웃으며 보고 있다가 문득 깨달았다.

논두렁에서 넘어지는 건 위험한 일이지 않는가.

저 코미디언들은 위험을 불사하고 웃음을 위한다는 명목으로 묘기를 부린 것이다. 대가를 치루지 않고 웃기기란 어려운 일이다.

웃음 뒤로 고통이 담겨있다는 말이 이해가 갔다.

웃음, 중요하다. 사람들은 쉽게 잊곤 하지만.

그나마 다행인 것은 사람들은 웃기는 사람이 되고 싶어 하는 경향이 있다.

세상에 할 일이 많다지만 웃음이야말로 바쁜 와중에 삶의 질을 한 단계 끌어올리는 묘약이다.

일상에서 쾌활하고 재미있는 사람은 호감이다. 세계 만국 공통으로 유쾌한 사람은 인기가 있다. 그렇지만 언제나 재미있는 사람이 되어 웃음을 전파하기란 어렵다.

웃음의 이치를 단 한 문장으로 정의를 내린다는 건 까다로운 일임에도 깨닫는 것은 가능했다. 웃음을 성찰한 코미디언이 있다.

웃음을 연구하고 연기한 할리우드의 희극 배우 찰리 채플린은 웃음에 대한 멋진 말을 남겼다.

**진정으로 웃으려면 고통을 참아야 하며
나아가 고통을 즐길 줄 알아야 한다.**

고통과 웃음이 함께 온다고 하니. 웃음은 어렵고 험난한 상황에서 나오는 것일까.

내가 웃어야 상대를 웃길 수 있다. 술자리에서 웃음을 어떻게든 짜내야 할 상황이 왔다고 가정해보자. 웃기려는 장본인이 웃음 만들기에 실패할까 걱정을 해서 표정이 경직되면 시도해도 분위기를 싸늘하게 만든다.

매일 웃겨야 먹고사는 코미디언은 사생활이 힘들어도 카메라 앞에서 항상 웃는 표정이다. 한두 번 못 웃겨도 평상시 웃긴 내력이 있기에 상대방은 웃을 준비를 한다.

언제나 타율 높은 웃음 창출 능력이 부럽다.

찰리 채플린이라고 고통이 왜 없었겠는가.

1952년 공산주의자로 몰려 영국 시사회에 가 있는 동안 미국 법무부는 입국을 허락하지 않았다. 20년간 미국에서 추방되었다. 이 나라 저 나라 호텔을 전전하며 떠돌이로 살았다.

보통 사람들이었다면 자기 집으로 돌아가지 못한다며 우울해 했을 것이다. 그런데도 찰리 채플린은 웃음에 대한 열정은 멈추지 않았다.

어떤 인터뷰어가 찰리 채플린에게 물었다.

"당신이 생각하기에, 당신 영화 중 최고 걸작은 무엇입니까?"
"아마 다음 작품일 걸Maybe The Next Piece."

비난이나 비평, 불평을 하지 말라

인간관계론, 데일 카네기

비평까지 아예 하지 말라고?

처음에는 고개를 갸웃거리며 지나가려 했던 문장이었다. 나는 불평 정도는 누구나 하지 않나라는 생각을 갖고 있었다.

출판 영업부장의 조언에 힘입어 비즈니스 세계에서 데일 카네기의 법칙이 철칙과도 같다고 해서 다시 살펴본 문장이다.

요즘 내가 영업하는 분들에게 자주 듣는 말이 있다. 거래처와 날선 말을 해서 적을 만든다는 이야기를 들었다. 성의 없이 만들어진 결과물을 보면 나는 참지 못하고 화를 내곤 했다.

나는 데일 카네기의 문장 앞에서 생각에 잠겼다.

최대한 거래처 입장에서 데일 카네기의 문장을 이해해 보기로 했다. 세일즈에 한정해서 설명하면 비난, 비평, 불평을 자주 하여 비즈니스 활동을 펼쳤다가는 업계에서 같이 일하지 못할 사람으로 낙인찍혀 주변에 동료들이 모이지 않을 것이 뻔하다.

카네기가 주장한 인간관계를 잘 맺는 방법 중 핵심 주장은 이것이다.

비난이나 비평, 불평을 하지 말라.

그는 반복해서 비슷한 주장을 펼친다. 심지어 논쟁에서 최선의 결과를 얻을 수 있는 유일한 방법은 그것을 아예 하지 않는 것, 피하는 것이라고 말한다.

데일 카네기는 예시를 풍부하게 제시하기로 유명한 강사다. 링컨 일화는 그의 주장을 뒷받침한다. 링컨은 미국 대통령으로 알려져 있지만, 젊었을 때는 혈기왕성한 젊은이였다. 비평하기를 즐겨했던 링컨은 제임스 쉴즈라는 정치가를 비방하는 편지를 보냈다. 신문에 게재되었고 쉴즈는 공개적인 망신을 당했다며 분노한다. 그리고 링컨에게 정식으로 결투를 신청한다. 결투는 원한 관계인 사람이 일정한 형식 아래 싸우는 것을 말한다.

링컨은 목숨을 건 결투까지 하고 싶지 않았다. 그렇지만 명예를 지켜야 하는 당시 분위기로 피할 수 없었다. 비난 편지 한 장으로 인해 목숨을 내걸게 된 셈이다. 다행히 결투 날, 생명의 은인이 나서서 중재를 함으로써 목숨을 건 혈투는 취소될 수 있었다.

링컨의 경우는 극단적으로 명예와 목숨을 걸고 결투를 하는 시대 분위기였기에 비난에 대한 대가가 더 컸다. 결투에 진 사람은 어떻게 됐을까? 생각만 해도 아찔하다.

비난, 비평, 불평은 어느 경로든지 보복으로 돌아온다.

현대에 결투라는 제도는 사라지고 없지만 보복이나 증오는 남았고 수많은 음해, 복수, 폭행 등으로 돌아온다.

비난이나 비평, 불평을 정하고 싶다면 감정적으로 하지 말고 논리적으로 이치를 따져서 자신의 모든 것을 걸 각오로 해야 한다.

　나는 평소 비평은 필요하지 않나라고 생각을 했었는데 재고하게 된 계기가 있었다. 친분이 있는 소설가가 자기 소설을 악평한 기자에게 앙심을 품은 걸 들었다. 그런 경우를 봤을 때 비평이 비즈니스 세계에선 생필품처럼 꼭 필요한 분야가 아니란 생각이 들었다.

　요즘 스타 강사들이 나와 무대에서 재미있게 방송을 하지만 말하는 방식, 또는 풍부한 사례를 통해 이야기하는 방식은 데일리 카네기가 원조였다.

　백 년 전 YMCA에서 강의를 했다. 데일 카네기의 '친구를 만들고 사람을 움직이는 방법'은 책이 귀하던 시절에도 스테디셀러였다.

　사회에 첫 진출하는 젊은이들에게 교과서처럼 읽혔다.

　학교에서는 절대로 가르쳐 주지 않는 인간관계를 체계화했다.

　그 후에 '사람을 움직이는 기술'을 써서 출판했다.

　1888년에 카네기는 미주리 주 출신으로 교사 세일즈맨을 거쳐 수많은 실패를 겪은 후 1912년 YMCA에서 연설을 시작한다. 선풍적인 인기를 끌었다. 풍부하게 예시를 들어 인간관계를 통해 행복을 꿈꾸는 방법을 제시했다. 말 솜씨만큼 글 솜씨도 있는 작가이다.

　백 년이 지난 지금 그의 저서를 읽어도 고리타분하지 않다.

　오히려 재미있다.

2

누구도
피해 갈 수 없다

당신이 최후에 남길 단 하나,
묘비명문장

묘비명
_____

당신의 묘비명을 미리 쓰시오.

시간 날 때, 스마트폰에 셀카를 찍어 영정 사진을 준비하시오,

인생을 돌아보고 단 하나의 문장으로 압축하시오,

이 과정은 누구다 다 겪는 과정이라오.

이 챕터는 죽음에 관한 문장으로 가득 차 있으니,

문장의 무게를 감당하기에 준비되지 않았다면,

책을 덮으시오.

괴롭다면, 이 챕터 페이지를 넘기시오.

하지만

하지만

메멘토 모리.

네가 죽는다는 사실을 기억하라!

라틴어로 메멘토 모리

죽음을 인지하지 않아도 죽음은 도처에 있다.

막연한 두려움이 코앞에 다가오는 징조를 겪은 적이 있다.

몇 년 전 일이었다. 지인이 투병을 하고 있었다. 그는 카카오톡 단체 문자로 병실 상황을 전했다. 5인실 병동에 있는데, 낯선 병원에 누워있기만 해서 갑갑하고 외로우니 와달라는 문자였다.

막막함이 카톡 문자로 전해졌다. 지인들과 함께 병문안을 했다. 죽음을 앞둔 과정을 지켜본다는 건 힘든 일이다. 생에 대한 갈망을 보게 된다면 누구라도 숙연해진다. 시간이 많이 남았을 줄 알았는데, 365일 다이어리 페이지 보다 더 짧은 날이 남았다는 사실에 망연했다.

나는 죽음에 대해 착각하고 있었다.

젊으면 영원히 살 거라고 생각했다. 살아갈 날들이 많아서 삶이 오래 이어질 거라고 여겼다. 끝없이 펼쳐질 페이지처럼, 한없이 두꺼운 사전처럼, 끝없이 페이지를 넘기며 살아갈 거라고 생각했다.

하지만 이건 사실이 아니다. 착각이었다.

멋진 문장들은 세상에 많다. 그렇지만 평범한 일상을 깨고 영혼까지 흔들만한 단 하나의 문장만을 골라서 후인들에게 전한다면 바로 이 문장을 소개하고 싶다.

네가 죽는다는 사실을 기억하라!

라틴어로 메멘토 모리Memento Mori이다.

죽음은 인간 최대의 화두이다. 인류가 영원히 풀지 못하는 수수께끼다.

수많은 괴짜들과 발명가들이 죽지 않는 방법을 연구했지만 애석하게도 실패했다. 죽음이라는 명제 앞에서 좌절했다. 문명이 발달하는 데 일조를 해오는 선에서 발명을 했을 뿐. 위대한 천재들도 영원히 살지 못하고 저세상으로 갔다.

그런데 사람들은 영원히 죽지 않을 거라고 착각하는 것 같다. 무엇보다 묘소, 납골당이 주택 근교에 있으면 싫어한다.

그런데 초침만큼 작은 걸음으로 다가오는 불안을 어찌할까.

무덤, 납골당에서 떨어져 지내도 죽음을 쫓아내는 것은 불가능하기에 죽음을 자연스레 받아들이는 방법밖에 없다. 죽음을 인정함으로써 생의 소중함, 하루하루의 시간을 깨닫는 것이다.

죽음을 예측해 보라. 자신의 기대 수명을 측정해 본다면 남은 생에 대해 생각하게 된다.

백 년을 살 수 있다고 해서 백세 인생이라지만 거기서 몸을 혹사시키고 병 치레를 했다면 몇 년을 깎는다. 야식을 즐기고 몸에 해로운 음식을 먹었거나 술 담배를 즐긴다면 거기서 몇 년을 더 줄인다. 평균 수명 80세 정도 나올 것이다. 거기서 지병이 있다면 몇 년 더 깎는다.

그리고 남은 수명을 기반으로 계획을 짠다.

남은 생애 무슨 일을 할 건지.

그것들을 수행할 체력이나 지능을 유지할 수 있을지 체크한다.

현재 유지하는 몸 상태나 두뇌 능력은 미래에 진화한다는 보장은 없다. 오히려 퇴보의 길로 가게 될 것이다. 뇌는 퇴화하고 최악의 경우 치매에 걸릴지도 모른다. 기억을 잃는다는 건 슬픈 일이다.

가족 이름도 잃어버리고 은행 잔고 존재 자체도 모르는 상태가 될지도 모른다.

그때를 대비해서 미리 유서를 쓴다.

자기 물건도 하나둘씩 치워본다.

나의 경우는 젊을 때 들었던 음반들을 처분했다. 소유욕이 남았는지 서재 한 칸을 겨우 비웠다. 완벽하게 비우는 데에는 과감한 결단이 필요하다.

죽음 이후도 생각한다. 장례 형태로 무덤에 묻힐 건지, 납골당에 묻힐 건지, 수목장을 할 건지 고민한다.

막연했던 미래를 쓰고 수정하고 치밀하게 계획할수록, 우리는 생이 얼마나 소중하고 단단한가를 느낀다.

다시 읽어보아도 이 문장은 묵직한 울림이다.

울림이 충분히 전해졌다면 이제 당신의 묘비명을 작성하라.

삶과 죽음에 차가운 눈길을 던져라.

마부여, 지나가라!

아일랜드 극작가, 윌리엄 예이츠

문학 수업에서 선생님은 퀴즈를 내곤 했었다.

갑작스레 윌리엄 예이츠를 묻거나 아니 그가 남긴 작품을 아냐고 물었다. 예습이 되어있지 않았기에 당황했다. 내 표정을 보고 문학 선생님은 윌리엄 예이츠를 어찌 모를 수 있냐며 이 정도의 문학가는 알 거라고 생각했다며 한탄했다. 난감한 순간이었다.

물론 질문을 받았던 나는 성인이 된 지금에서야 겨우 항변할 수 있다. 현대 작가도 아니고 1865년에 태어나서 1939년에 사망한 아일랜드 더블린 출신의 극작가 겸 시인을 알아야 하는가라고 의문을 품었다. 1923년에 노벨문학상에 빛나는 경력의 작가라고 해도 말이다. 노벨문학상 받은 작가들이 한두 명인가. 무녀와 결혼하였으며 심령을 연구한 이력을 이야기해도 시큰둥해 할 수 있다.

하지만 김소월의 '진달래꽃'에 영향을 준 시인이라면 이야기가 달라진다. 윌리엄 예이츠의 시구절을 읽어보면 시 '진달래꽃'과 비슷한 문장이 있다. 그것은 1899년 시집 '갈대밭의 바람'에 수록된 '하늘의 천He wish for the cloths of heaven' 구절이다.

김소월 스승인 김억이 백여 년 전에 예이츠 시를 번역했다. 이 시집은 백 년 전 영문학도이거나 영미시에 목마른 시인들 필독서였다.

나는 가난하여 가진 것이 꿈뿐이라,
내 꿈을 그대 발밑에 깔았습니다.
사뿐히 밟아주세요, 그대 밟는 것은 내 꿈이오니.

윌리엄 예이츠는 죽음을 관조했다. 육체와 영혼이 분할할 수 없듯이 물질과 정신이 뗄 수 없듯이, 삶과 죽음도 분리할 수 없다. 이를 문장으로 표현했다.

삶과 죽음에 차갑게 눈길을 던지라는 건, 차분하고 객관적인 시선으로 바라보라는 의미로 해석된다.

뜨거운 눈길로 삶과 죽음을 바라보면 삶과 죽음도 뜨거워진다.

냉정한 시선으로 바라보면, 삶과 죽음은 차갑게 바라볼 수 있고 결국 얼음처럼 차가운 언어로 분석이 된다.

예이츠는 냉정하다. 지나갈 사람들은 그냥 지나가라고 말한다.

죽음 앞에 살아있는 자들은 마부 같은 타인이다.

지금은 자동차가 다니는 첨단 시대이니, 구경꾼으로, 관객으로, 누리꾼으로 바꿔 불러도 된다. 구경꾼이여, 관객이여, 누리꾼이여 지나가라!

핵심은 이것이다.

삶과 죽음에 차가운 눈길을 던져라!

예이츠의 대표 시 '그대 늙었을 때'는 백 년 시인이 참 좋아하고 애송했던 시 중 하나였다.

그대 늙었을 때

그대 늙어 머리 희고
불을 쬐다 졸리거든,
이 책을 꺼내 천천히 읽어 봐

고왔던 시절 꿈꾸다가
그대 눈에 한때 짙은 그림자가 어리네

얼마나 많은 사람들이
그대의 다정하고 우아했던
시절을 사랑했고
거짓 혹은 진실한 사랑을 담
은 아름다움을 사랑했었지

다만 한 남자가 당신 안에 순례자의 영혼을 사랑하였고
그대 슬픔으로 변해가는 얼굴을 사랑하였다

빛나는 쇠창살 옆에 몸 구부려
약간은 슬픔을 담고 중얼거리네
어떻게 사랑이 산 꼭대기로 달아났고
그의 얼굴을 별 무리 속에 감추었는지

나는 아쉬울 것 없어라

시편의 한 구절, 김수환 추기경 묘비명

애플컴퓨터 창업자 중 한 사람이었던 로널드 웨인은 1976년 4월 1일 애플컴퓨터 주식 총액의 10퍼센트에 해당하는 금액 2300달러에 주식을 판다.

그런데 여러분도 알다시피, 애플컴퓨터사는 점점 규모가 커져 대략 40년 후 세계 시총 1위의 기업이 되었다. 그가 팔아치운 2300달러가 600억 달러(약 70조 원) 이상의 가치였다는 것이 밝혀졌다.

호사가들이 놀라며 그에게 후회하지 않느냐며 질문을 던졌으나 그는 이렇게 답했다. 애플 주식을 팔아 치운 것에 후회 없다고.

이유가 걸작이었다. 애플에 있다간 밤낮없이 일하던 초창기 IT 회사 분위기로 인해 고된 노동 끝에 무덤에 가서야 부자가 되었을 거라고 했다.

그의 나이 81세에 말한 답변이었다. 내공이 얼마나 쌓여야 70조 원이 흘러갔는데도 쿨하게 답할 수 있을까.

그때 나는 김수환 추기경 묘비명 문장이 떠올랐다.

나는 아쉬울 것 없어라

아쉬울 것 없어라는 김수환 추기경이 처음 쓴 문장이 아니다. 시편의 구절을 인용한 것이다. 구절이 천 년 세월을 넘어 울림을 준다.

일생일대 절호의 기회를 놓쳐도 아쉬울 것 없다는 무소유의 마음을 지닌 로널드 웨인처럼 냉정하게 말하는 것이 가능할까.

아예 없는 것보다 가졌다가 잃을 때 더 아쉬운 법이기에.

김수환 추기경은 1922년 대구시 가톨릭 집안에서 태어났다.

조부 또한 병인박해 때 순교했을 정도로 가톨릭 집안이었다. 형은 신부였다. 형 따라 김수환도 신학교에 입학한다.

일제강점기에 학도병으로 징집되었으나 해방을 맞이해 본격적으로 사제의 길로 들어선다. 1968년 서울대교구장을 거쳐 1969년에 교황 바오로 6세에 의해 김수환 스테파노 추기경이 되었다.

종교인이었지만 민주화 인사와 시민들을 보호했고 민주화를 이루는데 공헌하였다. 시민에게 공권력을 투입하여 폭력을 행사하는 정부에 공개적인 일갈을 멈추지 않았다.

2009년 2월 16일 노환으로 소천하며 유언을 남겼다.

묘비명에 남긴 글 '나는 아쉬울 것이 없어라'는 시편 23에 있는 성경 문구이다.

시편 23 중에서

주님은 나의 목자
나는 아쉬울 것 없어라
푸른 풀밭에
나를 쉬게 하시고
잔잔한 물가로
나를 이끄시어
내 영혼에 생기를 돋우어 주시고
바른길로 나를 끌어주시니
당신의 이름 때문이어라

자신보다 현명한 사람들을
주위에 모으는 방법을 알던 사람,

여기에 잠들다.

앤드류 카네기 묘비명

사람들 희망 사항 중 하나가 부자가 되는 것이다. 명예를 드높인 건강한 자식을 낳은 사람은 자식 부자, 주변에 꽤 훌륭한 사람이 많은 사람은 사람 부자가 된다.

여기 사람 부자가 있다.

앤드류 카네기는 스코틀랜드 계 미국인 재벌이다. 하지만 그가 어렸을 때 남긴 일화는 어린 시절부터 남달랐다.

어린 시절 식료품 가게에서 체리 상자를 바라보자, 할아버지는 그런 카네기가 귀여웠는지 체리를 집어먹으라며 호의를 베푼다. 허락된 양은 손으로 집을 수 있는 딱 한줌 크기였다.

그런데 카네기는 미동도 하지 않고 가만히 있었다.

옆에 있던 엄마가 주인 할아버지가 허락했으니, 한 줌 정도는 집어도 된다고 상기시켜주었다. 그래도 가만히 있었다.

그러자 할아버지가 직접 나서서 한줌 집어준다.

엄마는 나중에 이유를 묻는다.

"왜 가만히 있었니. 주시면 얼른 받지."
"할아버지 손이 저보다 훨씬 크니까요."

큰 손을 빌려 더 많은 양의 체리를 받으려 수를 쓴 것이다.
이 어린이는 커서 미국 재벌 강철왕 앤드류 카네기가 된다.

일화에서 볼 수 있듯이 어린 시절부터 타인의 손을 빌렸던 그는 사업에서도 마찬가지로 자기 주변 사람을 기용해서 재산을 축적했다.

록펠러, 카네기, 밴더빌트, 모건 등은 거대 기업으로 미 경제를 독점하다시피 성장한 재벌이지만, 카네기는 이들과 달리 이미지가 좋다.

카네기 스틸을 JP 모건에 매각해서 사업을 정리하고 그 돈 대부분을 사회 환원한다. 2500여 개의 공공 도서관을 건립해 사회에 헌납했다. 카네기홀, 카네기 교육진흥재단, 각종 대학에 기부한 비용은 당시 아시아에서 잘 나가던 일본의 1년 국가예산의 약 2.3배에 달할 정도로 엄청난 부를 기부했다.

교육방송 프로그램에서 앤드류 카네기의 사회환원은 자주 회자된다.

미국이 교육 강국, 기술 강국이 된 데에는 헌납한 공공 도서관의 역할이 크다. 지금도 미국에 가면, 그가 세운 공공 도서관을 방문해서 무료로 책을 볼 수 있다.

그는 부를 사회에 환원하면서 명예로운 부자가 되었다.

묘비명에 그를 추모하는 한 줄의 문장이 새겨진다.

자신보다 현명한 사람들을 주위에 모으는 방법을 알던 사람, 여기에 잠들다.

일어나지 못해서 미안

어니스트 헤밍웨이 묘비명

여기 가장 남성적인 문장을 쓰는 작가가 있다.

현실을 냉혹하게 표현하는 하드보일드Hard-boiled한 문장 스타일로 감상에 빠지지 않고 냉철한 행동과 움직임, 옷차림을 묘사한다.

심플한 단문 위주의 문체로 헤밍웨이 초기 단편집을 썼다. 특히 최소한의 행동에서 상황을 유추하는 문장은 탐정이 등장하는 추리 소설가들에게 지지를 받았다.

헤밍웨이는 어린 시절, 아버지를 존경했다. 쇠락하긴 했지만 남자답고 터프한 아버지를 롤모델로 삼았다. 그 영향일까. 1차 세계대전에 참전하여 종군 기자로 활약하다 부상을 입었다. 덩치가 컸고 사냥과 복싱을 즐겼다.

헤밍웨이는 궁금한 것이 있으면 해봐야 직성이 풀리는 작가였다. 파리에 체류하며 파리의 퇴폐미를 좋아했던 거트루드 스타인의 지원을 받았다. 파리에 머물렀던 스콧 피츠제럴드, 에즈라 파운드 등 미국 작가와 교류하며 문학적 소양을 쌓았다.

'무기여 잘 있거라'를 발표하여 큰 명성을 얻었음에도 스페인에서 전쟁이 벌어지자, 종군 기자로 참선한다. 2차 세계대전 당시 40대 나이로 노르망디 상륙작전과 파리 해방 전투에 참여했다.

그는 묘비명을 위트 있게 표현했다.

주특기인 짧고 핵심을 찌르는 문장으로.

일어나지 못해서 미안

체중이 가벼운 그녀는 땅을
거의 누르지도 않았다.
그녀가 이처럼 가볍게 되기까지,
얼마나 많은 고통을 겪었을까!

나의 어머니, 베르톨트 브레히트

우리는 생애 최초로 신을 만났다.

아기가 태어나면 처음 만나는 신이 있다. 바로 어머니다.

아기는 어머니를 신으로 여긴다. 아기가 알아채지 못했더라도, 본능으로 생애 최초 따스한 존재를 느낀다.

배고플 때 젖을 주고, 더울 때는 부채질하고, 추울 때는 옷을 덮어주는 어머니 손길을 생각해 보라. 아이가 장성하여, 세상을 활보하게 되기까지 아이를 지극 정성으로 보살피는 신의 손이 되어준다.

어머니 손에 길러진 아이는 어느덧 부모가 된다. 아이를 낳고 스스로 보이지 않는 손이 되어 노심초사 아이를 키운다. 아이가 장성함에 따라 부모는 힘이 약해지고 거꾸로 돌봄이 필요한 노인이 된다. 나이 들어 할머니가 되고 죽음에 이를수록 몸이 점점 가벼워진다. 지팡이가 있어야 간신히 걸음을 옮길 수 있게 된다.

노인은 아이가 되어가는 것이다.

돌봄이 필요하다. 무거웠던 체중이 가벼워진다.

아이가 되어가는 노모를 보는 것은 미래의 내 모습을 보는 것 같다.

체중이 가벼운 그녀는 땅을 거의 누르지도 않았다.
그녀가 이처럼 가볍게 되기까지,
얼마나 많은 고통을 겪었을까!

3

거울 문장

서정적인 문장을 따라 읽으면 문장에 동화되어 간다.

길가에 서 있는 가로수들은 서정적인 문장으로 서 있다.

서정 문장을 낭독하라, 그러면 문학청년이 되리니.

저기 가을이 푸른 잎 물들이며 오네.

백 년 문장으로

백 년 시인을 품고!

나는지금거울을안가졌소마는
거울속에는늘거울속의내가있소.

잘은모르지만외로된사업에골몰할께요.

거울, 이상

사람들은 이상의 외로운 사업을 똑같이 하고 있다.
셀카, 틱톡, 메이크업은 이상의 외로운 사업과 닮아있다.
1934년에 발표된 시 '거울'. 이상은 거울 속 나를 응시한다.

요즘 사람들은 백 년 전 이상처럼 거울 앞에 앉아서 얼굴을 본다.
'멋진 외모를 지니고 있어.'
나 자신에 빠지는 증후군, 나르시시즘에 빠지면 좋으련만 나르시시즘 대신 외로움이 밀려온다.

틱톡 어플로 자신의 동영상을 촬영한다. 얼굴에 각종 이모티콘을 표현할 수 있어서 선풍적인 인기를 끄는 어플이다. 진화한 셀카. 이 또한 거울 놀이와 다르지 않다. 혼자 노는 외로운 사업이다.

외로움을 느끼는 젊은이들을 심심치 않게 본다. 카페에서, 마트에서, 공원에서 그들은 천천히 걸어 다닌다.

백 년 전 경성의 다른 이름, 서울 속에서 혼자 살아가며 밥을 먹고 차를 마신다. 노총각 노처녀가 늘어가며 자발적 싱글이 늘어간다. 그들은 안다. 커플이 돼서 괴로운 것보다 혼자 외로운 것을 추구한다.

이상은 거울을 보며 외로운 사업에 골몰했다. 이상의 심정이 현대 젊은이들에게 전해진다.

이상의 시대에 거울은 비쌌다. 그때만 비쌌던 건 아니었다. 고대에서 근대까지 사치품이었다. 박물관에 가면 무척 오래된 거울이 진열된 걸 볼 수 있는데 애장품임을 증명한다.

거울은 신기한 놀이가 가능한 재미있는 기구이다.

거울을 들여다보라. 조명을 받으면 홀로 있는 자기 모습이 화려해진다. 조명을 끈 상태라면 초췌한 민낯이 보인다. 기분이 언짢아져서 화장하고 헤어스타일을 다듬고 표정을 살핀다. 이 과정은 모두 외로운 몸짓이다.

이상의 시 '거울'은 대학 입시 시험을 앞둔 수험생에게 해설서가 필요할 정도로 난해한 시였다. 나는 이상 시를 읽고 해석하는데 집중했지만 외로움을 알기엔 어렸다. 나중에 성인이 되어 홀로 외지 생활하며 외로움을 느낄 나이가 되니깐 해설 없이도 이상의 '거울'이 이해가 되었다.

벌써 외로움을 느끼고 만끽할 경지에 오른 것일까. 덕분에 쓸쓸하지만 공감대 형성하는 만랩 문장을 나 홀로 음미하곤 한다.

그러고 보니 이상은 띄어쓰기를 무시했다. 단어조차 외롭지 말라고.

외로운 사업을 최초로 연구하고 소개하고 발표한 외로움 전문가의 시를 음미하면 미묘한 감정에 사로잡힌다.

거울

거울속에는소리가없소
저렇게까지조용한세상은참
없을것이오

거울속에도내게귀가있소
내말을못알아듣는딱한귀가두개나있소

거울속의나는왼손잡이오

내악수를받을줄모르는—악수를모르는왼손잡이오

거울때문에나는거울속의나를만져보지를못하는구료마는
거울이아니었던들내가어찌거울속의나를만나보기라도했겠소

나는지금거울을안가졌소마는거울속에는늘거울속의내가있소
잘은모르지만외로된사업에골몰할께요

거울속의나는참나와는반대요마는
또꽤닮았소.
나는거울속의나를근심하고진찰할
수없으니퍽섭섭하오.

1934년 10월 가(카)톨릭청년

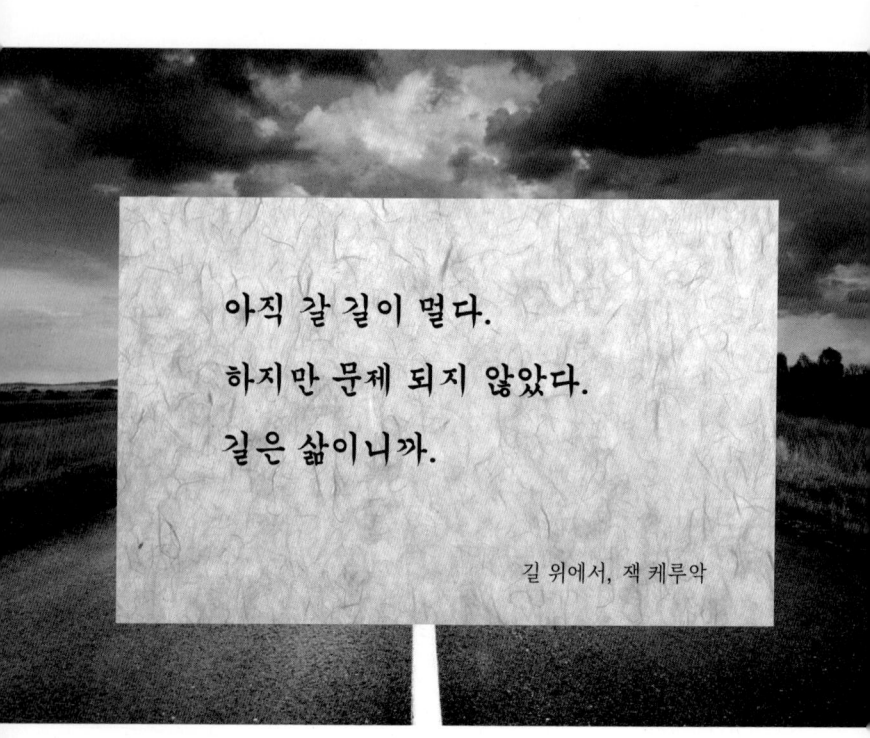

아직 갈 길이 멀다.
하지만 문제 되지 않았다.
길은 삶이니까.

길 위에서, 잭 케루악

차박이 유행이다. 차박은 평상시에 아무 곳에나 마음에 드는 장소를 선정하여 자동차에서 하룻밤을 지새우는 것이다.

나 또한 차박 열풍에 동참했다.
그렇게 결심하게 된 계기는 일상이 답답해서 새로운 기운을 얻고 싶어서였다.
자동차 또한 점점 연식이 오래돼서 언젠가는 손을 쓰지 못하고 폐차하는 상황이 벌어질 수 있었다. 그래서 더 낡기 전에 차와 나, 둘만의 추억을 남기고 싶었다.
제일 중요한 건 여행지를 물색하는 것이었다.
자동차에서 자야 했으므로 쾌적한 화장실이 있고 풍광이 화려한 유명 공원으로 가야 할지, 편의시설이 갖춰진 도심 속 공용 주차장에서 잠을 자야 할지 계획을 세웠다.
지방의 낯선 소도시를 선택한 후 홀가분하게 여행을 떠났다.
편의점이 눈에 띄었다. 간편한 먹을거리는 마트나 편의점에서 구입했다. 인근에는 시자체에서 새로 조성한 공원도 있었다.
그런데 문제가 생겼다. 더운 날씨로 인해 차 내부가 더웠다. 창문을 닫은 후 에어컨을 켰다. 차창을 완전히 닫으면 산소 부족으로 질식사할 위험이 있기에 창을 조금 열었다. 창문을 여니 모기가 들어왔다. 왱 소리에 놀라 다시 창문을 열고 쫓아내려 했지만 모기가 나가지 않았다. 오히려 적극적으로 덤벼들었다.

모기와 사투를 벌였다. 모기는 컴컴한 차 내부를 휘저으며 앵앵댔다. 손을 휘저으며 쫓아내려 했지만 쫓아내는데 실패했다. 무릎 부근이 간지러운 것을 보니 모기에게 피를 보시했으리라.

모기에게 덜 물리고자 긴팔 저지트레이닝으로 갈아입었다. 차창을 조금 열고 뒷좌석으로 몸을 옮겼다.

운전하느라 뒷좌석에 앉을 기회가 많지 않았는데 실제 뒷좌석에 앉으니 안락했다. 한 가지 고생스러운 점이 있었는데, 두 다리를 쭉 뻗을 수 없어서 편안한 자세로 잠들기 어려웠다.

앞 좌석으로 가니 더 가관이었다. 다리는 뻗을 수 있는데 의자가 180도로 젖혀지지 않았다. 최대한 젖혔지만 편히 누울 수 없었. 그날 밤, 불편하게 잠을 잤다. 약간 열린 창으로 또 다른 모기가 침입했기 때문이다. 뒤척이며 모기랑 씨름을 했다.

고대했던 황홀한 잠은 이루지 못하고 자는 둥 마는 둥 했다. 게다가 웅크린 채 구겨잤기에 아침이 되니 허리가 쑤셨다.

그때 내 손에는 도서관에서 대출한 소설 '길 위에서'가 있었다.

읽으려 했으나 잠을 설쳤기에 문장에 집중할 수 없었다.

스마트폰으로 사우나를 검색했다. 목욕탕에 찾아가 목욕을 하고 낮잠을 자고 나서야 간신히 제 컨디션을 찾았다. 오후를 그렇게 헛헛하게 보내고 나니 차박을 하려면 치밀한 준비가 필요하다는 걸 깨달았다.

이런 차박 왕초보. 자책하며 집으로 돌아와 두 다리를 쭉 뻗고 일자로 누울 수 있는 방안을 연구했다.

내 고생담 보다 훨씬 더 강렬한 체험을 한 선배들이 있다. 길에서 방랑하며 책을 낸 선구자다.

길을 다니면 구도자가 되고 작가가 된다.

작가 잭 케루악은 여행 이야기로 비트 세대를 대표하는 소설을 썼다. 비트 세대는 1950년대 풍요로운 삶을 살며 인간다움과 자연주의를 중요시했고 비밥 재즈를 즐겨 듣던 미국 젊은이들을 가리킨다.

잭 케루악은 인기 작가였다. 2017년 노벨 문학상을 받아서 화제 인물이 된 포크 가수 밥 딜런은 잭 케루악 열혈 팬임을 자처했다.

'길 위에서'는 제목 그대로 길에서 방랑하며 벌어지는 일화들이 나열된다. 미국 동서부를 횡단하며 벌이는 젊은이들 여행담이다.

책을 읽으니 미국을 일주하고픈 욕망이 솟는다. 잭 케루악 문장에는 길에 대한 싱찰이 담겨 있다.

아직 갈 길이 멀다.
하지만 문제 되지 않았다.
길은 삶이니까.

내가 어디로 갈지는
모른다.

하지만 약속한다,

지루하지 않을 거라고.

가수 데이비드 보위

히피, 집시, 비트족, 모드족, 보헤미안 등.

백 년 역사를 찾아 자료를 뒤척이다 보면 즐겁게 사는 것이 삶의 목표인 청년들 소문을 듣게 된다. 그들은 신나게 살아가는 것이 지상과제인 것처럼 몰두한다.

나는 세계 도시를 다녀보니 실제 흥으로 가득 찬 후예들을 목격했다. 우연히 만난 그들과 수다를 나눈 재미야말로 여행에 필요한 활력소라는 걸 깨달았다.

국적은 달라도 흥을 추구하는 후예들의 파티는 재미있다. 그들의 대표격인 가수가 있다.

영국 출신 가수 데이비드 보위가 50세 생일 공연에서 말했다.

약속한다, 지루하지 않을 거라고.

교장 선생도, 엄숙한 교수도, 어떤 CEO도 하지 못한 발언이다.

데이비드 보위는 치마 입는 남자였다. 메이크업과 반짝이 옷, 깃딜 목도리, 염색한 헤어스타일을 시도한 글램록의 대부로 불린다. 글램록은 요란하게 치장한 록 음악이다. 록 가수였던 그는 파티를 좋아해서 재미있는 파티가 열리는 곳이라면 아무리 멀리 떨어진 도시라도 찾아갔다.

얼마나 떠들썩하게 살았는지 그의 행보만 봐도 알 수 있다. 영국은 좁다고 생각했는지 미국 뉴욕을 오간다.

사교계에선 왕자로 불릴 정도였다. 호감이 가는 가수라면 선후배를 가리지 않고 적극적으로 친분을 맺었다.

1970년 데이비드 보위는 평소 존경했던 앤디 워홀의 팩토리를 방문했다. 보위는 초면에 대뜸 마임을 시작한다. 당황한 앤디 워홀이 비서에게 물었다.

"우리 지금 웃어야 하나?"

앤디 워홀, 밥 딜런 같은 유명 인사와 동시대를 호흡하며 친분을 다졌다. 1998년 영화 <바스키아>에서 앤디 워홀 역을 맡아서 연기했던 것으로 보아 앤디 워홀과 친분이 두터웠음을 확인할 수 있다.

인맥이 넓은 만큼 음악 장르도 골고루 섭렵했다. 디스코, 글램록, 포크, 재즈, 팝 등을 받아들여 앨범을 발표했다.

다양한 색상으로 염색하고 화장도 했으며 치마를 입으며 외적으로 파격적인 모습을 선보였다. 이것이 글램 록Glam Rock이라고 부르는 비주얼록으로 후배 록 가수들에게 영향을 미쳤다.

데이비드 보위를 추모했던 팝 가수 레이디 가가는 독특한 패션과 과감한 헤어스타일로 시선을 모았다는 점에서 데이비드 보위와 닮았다.

데이비드 보위는 외모만 바꾼 것이 아니었다. 글램록을 하며 '지기스타더스트'라고 이름을 바꿔 앨범을 냈다.

글램록 장르가 하락세를 타자 '지기스타더스트'를 은퇴시키고 타 장르로 변환을 꾀하며 새 이름 '할로윈 잭'으로 활동한다. 또 다른 앨범에선 '화이트 듀크'라는 이름으로 활동한다

이름도 바꾸고 외모도 바꾼다. 때론 성별로 구별하기 힘들다. 짙은 화장을 해서 남성인지 여성인지 구별하기 어렵다. 외모에 다양한 변화를 줄 정도로 패션에 조예가 깊었으며 예술가들과 어울리며 영향을 주고받았다.

신명 나게 사는 데이비드 보위는 50세 생일 공연에서 이렇게 말한다.

내가 어디로 갈지는 모릅니다.
하지만 약속합니다. 지루하지 않을 거라고.

나는 이 문장을 읽고 흥분하여 벌떡 일어나 손뼉을 치며 환호로 답했다. 그의 이름은 데이비드 보위였다.

영하 50도가 넘는 추위에는

누구도 클론다이크 지역을

혼자 여행해서는 안 된다.

반드시 친구와 함께
길을 나서야 했다.

불을 지피다, 잭런던

낯선 곳에서는 그 지역의 규칙을 지켜야 한다.

표지판을 무시하면 사고가 벌어질 수 있다.

연휴가 되면 관광지에서 심심치 않게 각종 사고 소식이 들려온다. 바다나 산은 훌륭한 풍광을 보여주긴 하지만 사실은 위험이 도사리고 있다는 것을 경계해야할 것이다.

절경은 자연의 변화를 먼저 맞다닥트리는 곳이다. 해가 일찍 진다. 밤이 오면 추위가 엄습한다. 간혹 바람이 세게 불 때가 있는데 파도를 일으켜 해안가를 거세게 몰아친다. 태풍주의보나 혹한 같은 날씨에 위기는 배가 된다.

대자연 속에서는 어떤 규칙이라도 철저하게 지켜야 한다. 여기 단편소설 '불을 지피다'에서 언급된 사소한 규칙이 있다.

영하 50도가 넘는 추위에는 누구도 클론다이크 지역을 혼자 여행해서는 안 된다.

별거 없는 주의 사항 같지만 영하 50도의 추위라면 이야기는 달라진다. 영하 50도가 어떤 환경인지 예상해 본 적이 있는가.

극히 사소한 주의 사항. 이를 지키지 않는다면, 살아있으리라 보장할 수 없다. 생존 문장이다.

소설 내용은 이렇다.

알래스카에서 한 사내가 북극의 추위를 견디며 길을 재촉한다.

살아있는 모든 것을 얼게 하는 추위 속에서 사내의 복장은 부실했다. 장갑, 두꺼운 양말, 사슴 가죽신이 고작이었다. 일반적인 겨울 복장이긴 하지만 영하 50도의 혹한을 버티기엔 부족했다.

사내는 사소한 여정이 될 거라고 생각했다. 베이컨 기름에 절인 비스킷을 품은 채 달랑 개 한 마리를 끌고 핸더슨 계곡의 옛 사무실로 찾아간다. 그곳에 이미 도착한 동료들과 따뜻한 불을 쬐며 저녁 식사를 할 생각이었다. 허나 생각대로 되지 않았다.

물가는 가지 말아야 하건만 물가에 무릎을 적시는 실수를 하게 된다. 혹독한 추위로 인해 젖은 발에 마비가 온다. 사내는 몸을 녹일 생각으로 불을 피운다. 몸을 녹이며 선임이 했던 말을 떠올린다.

**영하 50도가 넘는 추위에는
반드시 친구와 함께 길을 나서야 했다.**

불을 쬐며 선임이 연약한 소리를 했다고 생각한다. 갑자기 전나무 가지에 있던 눈 덩어리가 떨어져 불을 꺼트린다. 불길에 녹은 눈 덩어리가 점성을 잃고 떨어진 것인데 하필 불 위로 떨어진 것이다.

순식간에 영하 50도의 강추위가 덮친다. 사내는 죽음의 공포를 느끼며 사투를 벌이기 시작한다.

클론다이크는 실제 지명이다.

1897년 즈음에 알래스카 클론다이크 지역에 금광이 발견되어 세간을 떠들썩하게 한다. 황금을 캐서 부자가 될 수 있는 노다지가 발견된 것이다. 황금을 찾으러 떠나는 골드러시가 시작된다. 그런데 클론다이크를 찾아가는 길이 만만치 않았다.

증기선을 이용해서 가는 경로가 가장 쉬운 방법이었다. 그러나 티켓이 비싸 부자들만 이용할 수 있었다.

육로나 계곡을 통해 가는 경로가 서민들이 이용할 수 있는 방법으로 생존율이 희박했다. 육로로 출발한 경우 10퍼센트의 생존율로 열 명 중 한 명만 목적지에 도달할 수 있었다.

마지막 방법은 악명 높은 계곡을 통해 가는 경로였는데 배로 이동한 후 작은 보트로 강을 거슬러 오르면 되었다. 계곡이 험난해서 3천 마리 말들이 얼어 죽었다.

소설가 잭 런던은 대자연 속에서 벌어지는 생존을 극적으로 드러내는 글을 썼다. 미국 캘리포니아 출생으로 독학으로 글을 익힌 노동자 출신 작가이다. '황야의 부름(1903)', '바다표범(1904)'으로 베스트셀러 작가 반열에 오른다.

잭 런던은 의외로 한국과 인연이 있다. 1904년에 러일전쟁을 취재하러 조선 땅에 방문한 적이 있다. 제물포항, 부산, 평양, 만주까지 취재를 했다.

국경의 긴 터널을
빠져나오자

설국이었다.

밤 밑바닥이 하얘졌다.

설국, 가와바타 야스나리

겨울엔 눈이 쌓여 이웃까지 왕래가 어려웠던 시절이 있었다. 1969년 아버지는 기록적인 폭설에 갇혔다. 마을이 눈에 묻힐 정도로 눈이 내린 것이다.

아버지는 그날을 잊을 수 없다고 했다. 놀라움 보다 그리움에 가까웠던 정경을 회상하였다.

눈을 감고 당시 상황을 그려본다.

전화도 없던 시절에 폭설이 내리면 이웃과 왕래도 끊긴다. 눈이 그칠 때까지 종일 기다렸다.

눈발이 점점 약해지고 눈이 녹기 시작하면서 세상을 하얗게 적셨다. 간신히 연 문틈으로 바깥세상을 보면 환한 빛이 쏟아져 들어온다. 순결하게 하얀 세상이 펼쳐진 것이다.

경치에 반해서 보다가 뒤늦게 제설 도구를 찾았다. 눈을 치우고 길을 내었다.

그 세계는 설국의 세계였다. 온종일 설국이 만든 고독 속에서 지내야 했는데, 눈이 오는 날이면 눈이 만든 세상을 응시하던 그 시절이 그립다고 했나. 아무래도 요즘엔 눈이 무릎 높이까지 올 정도로 많이 오는 경우가 드물었고 아파트 창문 너머 눈이 오는 도시 풍경을 보고 매혹되기엔 한계가 있었다.

겨울에는 밀감을 까먹으며 겨울 소설을 읽어야 제맛이다.
유독 겨울이라는 계절에 사랑 이야기가 감성을 건드린다.

눈이 펄펄 내리는 고장을 연상시키는 <설국>은 과거에 티브이에서 자주 방영되었다. 영화 드라마도 있지만 원작 소설이 유명하다.

나는 이 소설을 아버지의 서재에서 찾았다.

아버지는 젊은 시절 방문 판매 영업을 하는 고향 친구를 통해 일본 대표 문학전집을 구입했다. 1981년 당시 시세로 일시불 8만 원을 지불하기엔 고가였기에 10개월 할부로 산 전집이었다. 당시엔 일본 문학이 인기였던 듯했다.

아버지에게 자연스레 이 양장본 전집을 받았다.

정확히 연도를 기억할 순 없지만, 유난히 추운 12월 일요일이었다. 눈이 올듯 말듯 한 회색 날씨였다. 외출하기에는 몹시 추웠다.

서재를 청소하면서 전집을 발견했다.

조심스레 전집에 있던 묵은 먼지를 털어냈다. 두툼한 소설책을 꺼냈다. 책 페이지를 넘겼다.

그리고 첫 문장을 읽었다.

국경의 긴 터널을 빠져나오자 설국이었다.

첫 문장에 감탄할 때면 어떤 것에게도 방해받고 싶지 않다.

밤 밑바닥이 하얘졌다.

줄거리는 이렇다. 여행을 다니는 시마무라는 눈이 쌓인 지방에 치코 유자와에서 발랄한 여자 고마코와 순수한 소녀 요코를 만난다.

줄거리에 담을 수 없는 감성적인 문장에 깜짝 놀란다.
설국을 읽으면 눈의 고장과 차가운 겨울 미학을 온전히 느끼게 된다.
소설가 가와바타 야스나리는 3년간 온천 여관에 머물면서 겨울 소설 '설국'을 집필했다. 나는 온천에 가볼까 생각하며 책 페이지를 넘겼다.
책을 읽는데 창밖을 보니, 눈이 내리고 있었다. 아니다. 내 기억이 잘못됐다. 사실은 눈이 내리기 시작한 것이 먼저였고 책을 읽는 것이 나중이었다. 아무래도 좋았다.

어떤 연유로 끝까지 다 읽지 못하고 다시 책장에 꽂았다. 나머지 분량은 다음 해의 겨울을 기다리며 눈이 내리는 날에 다시 읽어보리라. 책 읽기는 처음부터 읽을 필요도 없고 끝까지 읽을 의무도 없다.

내가 머무는 동네의 겨울. 눈 내리는 동네는 고요하다. 겨울 도시는 눈에 파묻혀 하얀 나라가 된다.

화려하고 소중한 건
너무 빨리 사라져,

그리고 다시
돌아오지 않아

위대한 개츠비, 프랜시스 스콧 피츠제럴드

연애 프로그램이 한창 주가를 올리고 있다. 알려지지 않은 무명의 청춘 남녀가 한 집에서 살면서 썸을 탄다.

썸은 신조어로 사귀기 전 미묘한 관계를 말하는데, 영어 단어 '썸씽Something'을 줄여서 말한 것이다.

연애 프로그램에서 서로 호감을 품던 남녀 출연자가 오해가 생겨 엇갈릴 때는 안타깝다.

생생한 현장감 덕분에 가상 연애하고 있다는 느낌을 전달하려는 기획 의도가 그대로 적중했다. 프로그램은 인터넷 조회수 1위 2위를 다툴 정도로 인기가 높았고 과몰입한 사람들로 넘쳐났다. 일부 시청자들은 SNS에서 험담을 하며 출연진을 괴롭혔다.

그들은 출연자들 심리를 분석하다 못해 코칭을 하기에 이르렀고 좋아하는 출연자의 팬이라며 편을 갈라 상대 진영을 맹비난했다.

썸을 바라보는 열렬한 대중 심리를 엿보는 계기가 되었다.

"나라면 저런 사람 선택하라고 해도 안 할 거야?"

심하게 감정이입해서 현실과 TV프로그램을 혼동하기도 한다.

타인의 연애에 자신을 끼어 넣어 밀당하고 싶다는 욕망이 숨겨 있다. 이런 반응 역시 연애에 관심이 뜨겁다는 것을 반증한다.

본능처럼 사람들은 남의 썸에 관심을 갖는다.

1인 가구가 늘어나고 나이가 들면 연애에 무관심할 줄 알았건만 넘치는 호기심을 감당할 수 없다. 이혼 가정이 늘어가고 싱글이 늘어나는 풍토에서도 연애를 꿈꾼다.

연애한다는 것은 만만치 않다.

우선 에너지 소모가 크다. 마음은 두근거리다 못해 깨져서 부서지기도 하고 파란을 겪다가 다시 잔잔해지는데 긴 세월을 필요로 한다. 자신이 알지 못했던 자신에게로 나아간다. 그러면서 깨닫는 것이 있다.

연애는 평소 얻기 힘든 감정이다.

스물, 서른, 마흔 나이가 들어도 연애를 꿈꾸는 사람들.

연애 시절은 짧고 후유증은 길다.

'위대한 개츠비' 에서 개츠비가 사랑한 여인, 데이지가 말했다.

화려하고 소중한 건 너무 빨리 사라져,
그리고 다시 돌아오지 않아.

엇갈린 인연으로 서로 그리워하는 두 사람. 개츠비는 데이지를 열렬하게 그리워한다.

개츠비를 선택 않는 데이지의 미래를 알기에 이 문장이 애잔하다.

'위대한 개츠비'는 지금으로부터 백여 년 전인 1922년이 시대 배경이다. 피츠제럴드가 1925년에 발표한 '위대한 개츠비'는 전후 미국 상류사회 모습을 드러낸 미국 문학 작품이다.

개츠비가 벌인 파티는 문학에 문외한인 사람도 영화를 통해 알 정도로 화려하게 묘사된다. 재즈와 춤이 가득한 파티가 열리는 가운데, 옛 연인 데이지와 재회하는 개츠비의 순정은 연애 소설에 방점을 찍는다.

작가들이 앞다퉈 로맨스 소설이며 심지어 번역까지 했노라 알릴 정도로 손꼽는 추천작이다.

희곡 '로미오와 줄리엣'과 함께 세대를 바꿔가며 잊을만하면 영화화되고 있다. 최근에 할리우드 배우 레오나르도 디카프리오가 개츠비 역할을 맡아서 작품성도 인정받고 상업적으로도 성공했다.

이 무한한 우주의 영원한 침묵이 나를 두려움으로 몰아넣는다.

블레즈 파스칼

철저하게 혼자 있어본 적이 있는가.

우리는 생각보다 혼자 지내는데 익숙하지 않다. 손에 붙어 있는 스마트폰, 시시때때로 울리는 카톡 메시지를 보면, 완벽한 혼자가 맞는지 의심스럽다.

제대로 혼자 있어봐야 외로움을 직관할 수 있다.

스마트폰 전원을 끄고 밤을 보내 보라. 덩그러니 남겨진 기분을 온전히 맞이하게 된다. 그때 맞이하는 외로움이 진짜 고독이다.

미국이라는 땅을 여행한 적이 있다.

차를 운전하며 다녔는데, 눈앞에 가도 가도 끝이 없는 땅이 펼쳐졌다. 그 아득함과 광대함에 놀랐다.

공원은 어마어마라는 표현에 걸맞게 거대했다. 그랜드캐년은 협곡의 깊이가 1500m에 이른다. 이곳에서 셀카 찍는다고 위험한 사진을 시도하지 말라. 종종 낙상 사고가 벌어진다.

협곡 길이는 445.8km. 서울에서 부산까지의 거리가 393.3Km이니까, 협곡을 길게 펼친다면 경부고속도로 보다 더 길다.

'신이 만들었을 거야'라는 생각이 들 정도로 아득한 낭떠러지와 기암괴석으로 이루어졌다. 인간이 만든 흔적이라곤 입구, 안내소, 팻말, 대피소 같은 것이 전부였다. 자연에 비하면 극히 일부인 인공적인 흔적이었다.

여행하는 사람은 주의 사항을 놓치지 말고 곱씹어 볼 필요가 있다.

야생 곰 또는 뱀과 같은 파충류를 주의하라. 인간 보다 이곳에서 서식하는 진짜 주인과 분쟁이 생긴다면 돌이킬 수 없는 위험에 빠질 것이다. 야성이 도사린 협곡에는 짐승이 무리를 지어 다니면서 사람의 움직임을 포착하면 울부짖으며 뒤쫓아올 것만 같다.

클로징 타임. 문 닫는 시간.
해 저물 무렵 몸이 먼저 깨닫는다.
어둠이 온다는 것을.
컴컴한 초행 길은 운전하기에 애로사항이 있다. 어둡고 인적은 찾아볼 수 없다. 얼른 숙소로 돌아가자는 생각에 차가 주차된 곳으로 찾아갔다.

차를 타고 공원에서 벗어나면 주변에 차는 보이지 않고 나만 한적한 고속도로를 내달린다. 끝이 없는 도로가 계속 이어진다. 바닥을 알 수 없는 공포가 생긴다.

저 앞에 관광버스를 발견하고 안도의 숨을 내쉰다.

이런 곳에서 차가 고장 나면 오도 가도 못하고 우주 미아, 아니 고속도로 미아가 될 것 같았다.

차를 숙소에 주차했다. 그리고나서 하늘을 올려다봤다.

날씨가 좋았다. 밤하늘에서 별빛이 쏟아졌다.

자연 속에서 나는 극히 작은 존재였다. 어둠은 우주의 일부에 불과한 데도 나를 두렵게 했다.

이 문장은 영화에서 자주 언급된다. 최근 마블 영화 <어벤져스: 엔드 게임> 극 초반부에서 타노스에게 패배한 아이언맨이 광활한 우주 공간에서 방황할 때 막막함에 빠져 인용했다.

**이 무한한 우주의 영원한 침묵이
나를 두려움으로 몰아넣는다.**

이 문장을 쓴 블레즈 파스칼은 수학자이자 물리학자, 철학자였다. 회계 일하는 아버지를 위해 최초로 기계식 계산기를 발명했다. 신앙생활을 했으며 사망에 이르기까지 미완성작 '팡세'를 집필했다.

물리학 이론인 파스칼 원리가 유명하다. 머리를 지끈거리게 했던 과학 원리 중 하나이다. 당연한 것 같지만 당연하지 않은 원리다.

밀폐된 용기 속에 정지해 있는 액체 한 점의 압력을 일정 정도 증가시키면 액체 내의 모든 점의 압력이 그 크기만큼 증가한다.

행복을 찾고 야망을 피하게.

야망이 과학과 발견의 분야에서

자네에게 명성을 안겨줄,

그 수수한 것으로 보일지라도
말일세.

프랑켄슈타인, 메리 셸리

나는 시간이 나면 소소한 행복을 찾아 이곳저곳 낯선 도시를 걸어 다닌다. 해외여행을 가면 좋겠지만, 시간과 자금의 압박으로 멀리 못 갈 때가 있다. 그럴 때는 지인과 약속을 잡기 보다 내가 위치한 곳을 중심으로 콤파스로 원을 그려 가까운 시장과 공원을 찾아다닌다.

이 두 곳은 날씨를 제일 먼저 만날 수 있는 대표적인 장소다.

무작정 걷는다. 때론 갑작스레 쏟아지는 소나기를 맞닥트린다.
평소 백팩에 우산을 소지하고 다니는데, 이럴 줄 알았어 중얼거리며 내 준비성을 칭찬한다. 우산에 부딪치는 빗소리를 들을 때 확실한 행복을 느낀다.
우산을 갖고 있지 않다면 카페로 들어가 비 그치기를 기다리며 차를 마신다. 창문 밖에 빗물이 흐르는 것을 바라본다. 순간 느끼는 감정은 소소한 즐거움이 분명했다.

소소하시만 확실한 행복.
문구를 줄여서 소확행이 출판계에 대 유행이다.
1986년에 발표되었던 무라카미 하루키 수필집 '랑겔할스 섬의 오후'에서 최초로 언급되었다. 소소하지만 확실한 행복을 느낄 때는 다음과 같은 때라고 말한다.

갓 구운 빵을 손으로 직접 찢어먹을 때,
새로 산 하얀 셔츠를 뒤집어쓰면서 면 냄새를 맡을 때,
자신도 모르게 옅은 미소를 지으며 작은 행복에 만족하게 된다.

무라카미 하루키만 행복에 대해 생각한 것은 아니었다. 서양의 작가들도 이미 그것에 대한 고찰을 했다.

고전 환상소설 작가 메리 셸리는 소설 '프랑켄슈타인'에서 행복이 중요하다고 말한다.

프랑켄슈타인 소설 내용은 주인공 빅터 프랑켄슈타인 박사와 그가 만든 240센티미터 괴물과 쫓고 쫓기는 스펙터클이 담겨있다.

빅터 프랑켄슈타인 박사는 괴물을 창조한다. 박사는 디자인 감각이 부족했는지 흉측한 외모를 지닌 괴물을 탄생시킨다. 프랑켄슈타인 박사는 괴물을 책임지지 않는다. 도망치거나 만나면 오히려 저주를 퍼붓는다.

괴물은 버려졌다는 사실에 분노하여 무책임한 빅터 프랑켄슈타인 박사의 동생과 약혼녀를 살해하고 도망친다.

빅터 프랑켄슈타인 박사는 복수심에 불타서 도망친 괴물을 찾아 러시아 황야까지 쫓아간다.

북극 빙해로 가던 중 긴 여행과 극심한 추위로 인해 심신이 쇠약해진 그는 죽음에 이른다. 마지막 유언을 남긴다.

"행복을 찾고 야망을 피하게, 야망이 과학과 발견의 분야에서 자네에게 명성을 안겨줄, 그 수수한 것으로 보일지라도 말일세."

프랑켄슈타인 박사의 유언 내용을 풀이하자면 과학 분야에서 성과를 이루는 것보다 평범하게 살았다면 하는 아쉬움이 담겨 있다.

과학자로 성공하고 유명세를 얻고자 했지만, 행복만 한 것이 없다는 성찰이 담겨있다.

출판가의 신간 서적들을 보니, 행복이 중요한 화두로 떠올랐다.

야망 중요하다. 맞다.

하지만 과정이 행복해야 가치 있는 시대다. 두 가지를 동시에 추구할 수 없다. 결국에는 행복과 야망, 둘 중 하나는 놓게 되는 순간이 온다. 눌 중 한 가지만 선택하려고 저울에 올리면 행복 찾기로 기울게 되는 건 우연의 일치가 아니다.

백 년 작가들이 이미 그렇게 썼으니까.

오래된 것이 좋은 것이다!

미상

새벽 2시 물을 마시려고 냉장고가 있는 부엌으로 갔다. 티브이가 켜져 있었다. 요즘 들을 수 없는 촌스러운 드라마 특수 효과음이 들렸다. 돌아보니 아무도 티브이를 보는 사람은 없었다.

가족은 방에 잠들어 있었다. 옅게 코 고는 소리를 들으며 오늘 밤은 평화롭군, 소소한 행복을 느끼며 냉장고에서 물을 꺼내 마셨다.

티브이 전원 스위치를 끄려고 티브이 앞으로 다가갔다. 오래전 방영했던 단막극이 나오고 있었다. <베스트셀러극장>이란 타이틀로 30여 년 전에 한창 방송되었던 티브이 단막극 프로그램이었다.

극중 배우가 샐러리맨 역을 맡았다. 그는 사무실에서 일을 하는 가장이었다. 어린 시절 본 적이 있는 배우였다. 이름은 가물가물했지만 눈에 익었다. 현재는 활동하지 않았는데 만약 그 배우가 지금도 활동한다면 노년을 바라보는 나이가 되지 않았을까, 짐작되었다.

30여 년 전, 드라마에서 광화문 거리를 걷는 직장인들을 발견했다. 놀라웠다. 티브이에서 눈을 떼지 못할 정도였다.

나는 소파에 앉아 티브이 속 직장인들 행색을 살폈다.

그들은 한창 뜨거운 청춘이었다. 패션도 젊은이답게 양장점에서 성의 있게 고른 어깨 뽕이 들어간 정장을 입고 있었다. 직장인 최전선이었던 광화문 거리를 활보했다. 그들이 뿜어내는 열기는 시내 풍경을 특별하게 보이게 했다.

1990년대 젊은이들의 워너비 해치백 승용차 프라이드가 눈에 띄었다. 지금은 거리에서 볼 수 없는 올드 카다. 낯선 디자인의 차였지만 내가 기억했고 타봤던 자동차였다.

가로수들이 울창함을 뽐내며 서 있었다. 도시 풍경은 당시로선 보여줄 수 있는 최상의 경관을 보여줬다.

옛 도시인들은 바쁘게 총총걸음으로 목적지를 향해 걸어갔다. 그들이 최선을 다해 일구었을 삶을 엿보니 가슴이 두근거렸다.

나는 단막극 내용에 집중하다 말고 주변 풍경을 보며 과거를 생각했다. 주인공은 회사에서 강제퇴직당하며 인생 고민에 빠져있는데 이래도 되나 싶게 스토리 보다 도시 배경을 쫓고 있었다.

"기억 나, 강변북로, 저기 고속버스터미널, 간판 귀엽구나."

그 이후로 나만의 즐거움이 생겼다.

유튜브로 복고 영상물을 찾아보며 즐거워하는 것이다.

충분히 그 시대를 대표하는 고전 영화라던가, 뮤직비디오 같은 히트작들을 보면서 신기하게 바라보았다.

세월이 흐를수록 빛나는 물건이 있다. 나는 그것들을 찾았다.

오래전에 깜박 잊었던 서랍을 연 기분이었다. 당시에는 귀중하다고 생각했지만 값을 매길 수 없는 어처구니없는 물건이 담겨 있다. 어린 시절 용돈을 모아 구입했던 히트곡이 담긴 카세트일 수도 있고 극장에서 나눠준 홍콩 영화 캘린더도 있다. 오래전에 구입한 회중시계와 같은 골동품도 있을 것이다.

인터넷 쇼핑몰에서 카세트 플레이어를 구입한 후, 서랍에서 꺼낸 카세트테이프를 넣고 플레이 버튼을 누른다. 쿨이 부른 '애상'이었다. 유행가는 과거를 환기시키는 마법의 비트로 가득 차 있다.

레트로Retro는 복고주의를 지향하는 유행을 말한다.

디자이너들에게 레트로가 유행이다.

비트 제너레이션, 히피, 집시, 모드, 모던보이, 모던걸, 신세대 등 한 시대를 풍미한 떠들썩한 청춘들이 있었다. 시대를 대표하는 인싸 청춘들의 패션과 헤어스타일을 다시 현시점에 맞게 리폼해서 유행한다. 디자이너 겸 수집가들은 복고 상품을 닥치는 대로 수집한다. 그들은 작은 박물관을 열겠다는 포부를 지녔다.

얼마 전에는 소도시를 여행하다가 카세트를 판매하는 오래된 음반가게를 발견했다. 작은 박물관을 발견한 느낌이었다.

음반 수집가가 내게 했던 말이 떠올랐다.

"디자인이 예쁘지 않나요? 저 때 서체라던가. 디자인 감수성이라던가. 촌스러운 것 같지만 정감이 있고 정말 예쁜 것 같아요."

최근 레트로에 끌리는 경험을 했기에 고개를 끄덕였다.

그렇게 음반 수집가처럼 과거를 찾아보며 수집하는 추억 마니아가 되어간다. 자신도 모르게.

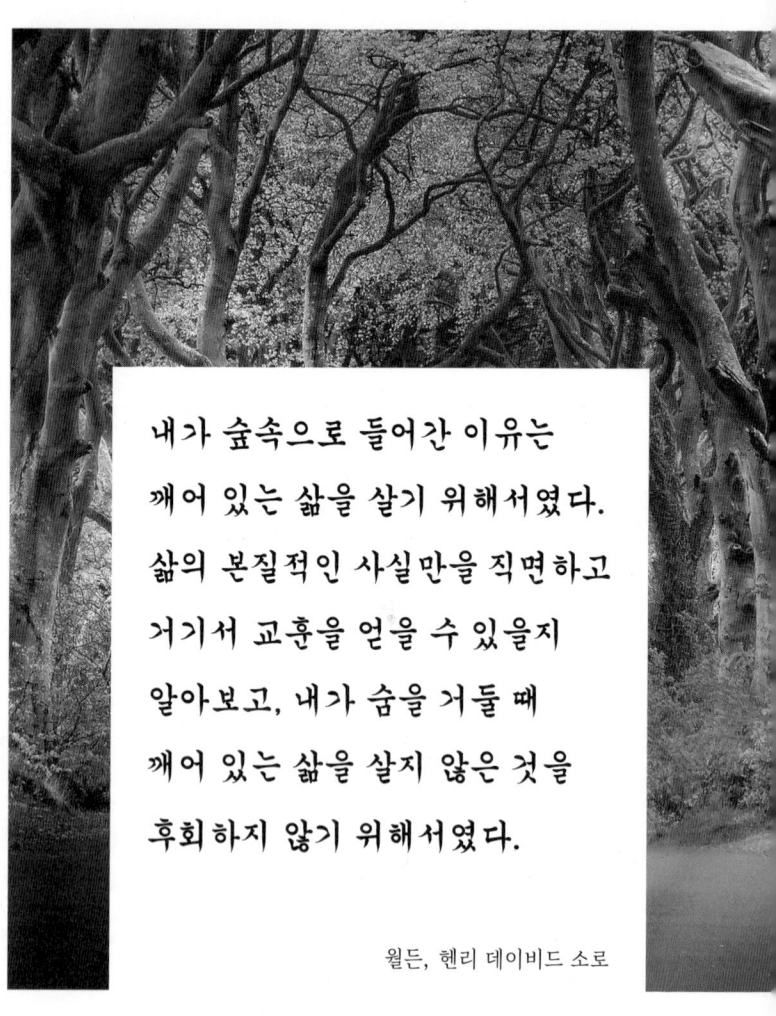

내가 숲속으로 들어간 이유는
깨어 있는 삶을 살기 위해서였다.
삶의 본질적인 사실만을 직면하고
거기서 교훈을 얻을 수 있을지
알아보고, 내가 숨을 거둘 때
깨어 있는 삶을 살지 않은 것을
후회하지 않기 위해서였다.

월든, 헨리 데이비드 소로

몸소 숲으로 돌아가 명작을 쓴 자연인이 있다. 스테디셀러 작가로 문명에서 벗어나 오지에 사는 자연인들 사이에서는 톱스타만큼 인기가 많다. 그가 남긴 '월든'은 자연인의 필독서다.

그가 자연인으로 돌아간 이유는 명백했다. 도시 문명과 국가가 제시하는 삶의 방식을 경계했다.

국가는 사람들이 일자리에 종사하고 열차를 타며 달리듯이 일하라고 채찍질한다며 비판했다. 문명에 현혹되지 말고 간소하게 살 것을 주문한다. 열 접시 먹던 건 다섯 접시로 줄이고. 검소하고 엄격한 생활을 목표로 살아가자고 한다.

소로의 생각은 자작 시에 고스란히 담겨있다.

누구나 아는 척을 한다.
하지만 보라, 예술도
과학도, 무수한 응용도
날개를 펼치고 날아갔다!
모두 알고 있는 것은 단지
문밖을 스치는 바람뿐.

법정, 간디, 마틴 루터 킹, 톨스토이 등이 영향받았다. 시니컬한 문장이 모던해서 1854년에 출간됐다는 사실이 믿어지지 않았다.

무지개 저 너머 어딘가에,
파랑새는 날아다니고
새들은 무지개 너머로 날아가고

왜, 왜 나는 날아갈 수 없을까?

'Somewhere Over The Rainbow' 가사 중에서

아, 떠나고 싶다. 가급적 멀리.

휴일을 보내면 월요일이 온다. 출근을 서둘러야 하는 날 일터에서 벗어나고 싶다는 욕구가 생긴다. 그렇다고 해도 무작정 떠날 순 없다. 회사와 미리 휴가 기간을 조율하고 업무를 인수인계하고 난 후 휴가를 떠나는 방법밖에 없다.

무작정 떠나고 싶을 때가 있다. 그때는 항공권을 덜컥 예약한다.

비행기 타고 머나먼 나라로 떠날 생각만 해도 설렘에 젖어든다. 그 땅에 도착하면 다른 삶을 겪을 것만 같은 느낌이 든다. 한국 시간으로 낮이면 현지에선 밤일 것이고 한국 시간으로 밤이면 현지에선 낮일 것이다.

기온은 한국과 정반대, 여름에는 겨울 날씨를, 겨울에는 여름 날씨를 만끽할 수 있다. 한국인과는 다른 기질의 사람들을 만나게 될 것이다.

이런 생각을 하며 그날 완성할 표지 디자인을 보고 있었는데 마침 프리랜서 디자이너가 틀어놓은 라디오에서 음악이 흘러나왔다.

'무지개 저 너머 어딘가Somewhere Over the Rainbow'가 흘러나왔다. 영화 <오즈의 마법사> 주제곡으로 주연 배우였던 주디 갈란드Judy Galand가 불렀다. 나는 음악 소리를 들으며 멀리 있을 휴가지를 상상하고 있었다.

나는 오즈의 마법사 결말을 안다.

무지개 저 너머 어딘가에, 파랑새는 날아다니고,
새들은 무지개 너머로 날아가고,
왜, 왜 나는 날아갈 수 없을까?

소녀 도로시는 고향으로 가고 싶은 열망을 청아한 목소리로 노래한다. 그녀는 파랑새가 있는 무지개 저 편에 있는 고향으로 집과 함께 되돌아가는 것이다.

파랑새는 인간 보다 먼저 집의 소중함을 알고 있다. 생각만 해도 평화로우며 위안이 되는 장소가 있다는 사실을.

이렇게 노래하게 된 계기를 알아보니 그럴만 했다.

도로시 집은 통째로 회오리에 휘말려 마녀들이 사는 곳에 떨어진다. 낯선 장소에 떨어진 도로시는 집이 원래 위치해 있었던 캔자스로 돌아가고 싶어 하지만, 방법이 없다. 유일하게 집으로 돌아갈 방법을 아는 위대한 마법사 오즈를 찾아야 한다.

우여곡절 끝에 도로시가 남긴 명 대사는 가슴을 두드린다.

집만큼 좋은 곳은 없다.

집이야말로 무릉도원이다. 무지개 저 편의 천국이다. 우리가 여행을 다니는 이유는 다시 집으로 돌아가기 위해서 떠나는 것이다.
그래, 원래 그런 거야, 결국 집이 최고란 걸 알 게 될 거야.

백 년 전, 우리 선조들은 여유가 생기면 정원을 꾸미고 화초를 재배했다. 세상살이는 언제나 혼탁했지만 더 넓은 세상을 꿈꾸는 것보다 정원을 가꾸는 것이 자신에게 주는 최고의 선물이라고 생각했다.
우리 마음 안식처는 집 어딘가에 있다.

사람들은 어디에 있어?
사막은 조금 외롭구나.

사람들 속에서도
외롭기는 마찬가지야.

어린 왕자, 앙투안 드 쌩텍쥐페리

"어떤 계절 좋아하세요?"
"여름이요."

    좋아하는 계절에 대해 질문을 받으면 여름을 좋아한다고 대답했다. 특별한 이유는 없다. 마침 질문받은 계절이 여름이어서 그냥 여름이라고 답한 것이다.
    아무래도 여름은 휴가철 같은 기나긴 휴가가 있기에 자연스레 반기곤 했다.
    여름이 되면 사람들이 빠져나간 도심은 평소와 다르다.
    자동차 통행량이 적다. 정체되지 않은 도로를 보며 휴일이라는 걸 체감한다.

    여름 휴가철 도심은 텅 비어 있었다. 마치 사막 같다.
    시민들 모두 휴가철을 맞아 멀리 떠났을까?
    아니면 시원한 에어컨 바람이 있는 곳으로 숨었을까?
    무더운 날에는 오아시스를 찾기 마련이다.
    바닷가 풍광 좋은 곳에 있는, 목 좋은 카페를 검색해서 찾았다.
    문을 열고 들어가면, 손님들로 북적인다.
    다들 모르는 사람들이다. 시끄러운 가운데 외로움을 느낀다. 외로움은 몰입으로 밀어낼 수 있다. 일을 마친 후 나가려고 카페 문을 여니 바깥에 있던 열기가 덮친다. 귀가할 때는 외로움도 따라온다.

낯선 휴가지에서 텐트를 치고 홀로 잠을 이룬 적이 있다. 홀로 방에서 잠을 청해도 외롭지만 사람들 속에 있어도 외롭다.

신기한 일이라고 생각했을 때, 소설 '어린 왕자'의 한 대목이 떠올랐다.

"사람들 속에서도 외롭기는 마찬가지야."

어린 왕자가 지구 사막에 도착한다. 우연히 만난 뱀에게 사막이 외롭다고 말하자 들은 답이다.

1943년 2차 세계대전이 한창일 때, 쌩텍쥐페리는 명작으로 평가받는 '어린 왕자'를 썼다. 비행기 조종사이며, 소설가이자 시인이다.
공군으로써 2차 세계대전에 참전했다.
작가는 어린 왕자를 불시착한 사막에서 만났다고 주장했다.

어린 왕자는 집채만 한 작은 별 B-612에서 혼자 살았다. 주위 다른 별을 전전하며 다니다가 마지막으로 도착한 별이 허영쟁이가 삼억일천일백만 명이 살고 있는 지구 사막에 도착한다.

어린 왕자는 사막에서 만난 사막 여우를 길들이게 된다. 사막 여우가 어린 왕자에게 해준 말은 인터넷상에서도 널리 퍼지며 파문을 일으켰다. 설렘이 담긴 감성 문장을 꼽으라면, 이 문장을 꼽는다.

매번 같은 시간에 와주면 좋아.
예를 들어 오후 4시쯤,
그럼 난 3시부터 행복해지기 시작할 거야.
그러다 4시가 가까워지면 난 더 행복할 거고.
'어서 4시가 왔음' 하고 갈망하며 설레겠지.
매 초 행복의 저울을 달아보게 될 거야!

작가는 지구 어른들의 숫자나 재력을 물어보는 무례함에 질려있었기에 순수한 어린 왕자와 말이 통했다.
작가는 어린 왕자를 만났다는 증거를 보여준다. 어린 왕자의 부탁으로 그려준 그림이 그것이다.

작가와 어린 왕자가 나눴던 대화는 나 홀로 작은 행성 같은 방에 있을 때 다가오는 외롭고 쓸쓸하고 높고도 그리운 문장이었다.

삐삐가 말했다.

"왜 뒤로 걷느냐고? 여긴 자유로운 나라잖아.
자기가 걷고 싶은 대로 걸으면 안 된다는 법 있어?
그리고 한 가지 얘기해두겠는데, 이집트에선 이렇게 걷지만 아무도 이상하게 생각하지 않는다고."

삐삐롱스타킹, 아스트리드 린드그렌

내 기억이 정확하지 않지만 9살이나 10살 정도. 십 대였을 때, 부자 친구가 있었으면 좋겠다고 생각했다. 원했던 친구는 드라마 속 가공인물이었다.

9살 여자아이, 어른도 집어던질 정도로 괴력을 지녔다.

금화를 가득 든 가방을 가진 부자, 사생활을 터치하거나 간섭하는 부모는 멀리 떠나고 없었다. 출장 간 아빠 직업은 해적 선장이다.

긴 이름을 끝까지 알고 있는 사람은 동네에서 나밖에 없었다. 어째서 삐삐 이름을 외워야 한다고 생각했을까. 진짜 이름은 삐삐로타 델리카테사 워도쉐이드 맥크랠민트 에프레임즈 도우터 롱스타킹.

원숭이 넬슨과 함께 뒤죽박죽 별장에서 살았다. 검은색 가죽 가방에는 금화가 담겨 있었다. 옆집 친구 토미와 아니카 남매에게 선물로 금화 한 닢씩 쥐여주곤 했다. 나는 그 남매가 부러웠다.

삐삐는 금화를 노리는 도둑을 골려주며 어른들 상식에 저항한다. 어린이들은 힘 있고 재력 있는 삐삐에게 정서적 충격을 받았다. 삐삐에겐 어른이 필요하지 않을 정도로 힘이 넘친다. 나 또한 삐삐 친구가 될 수 있다면 보살핌 받을 수 있을 거란 생각에 옆집으로 이사 왔으면 은근히 바랐다. 물론 이사오는 일은 없었다.

대신 세월이 흐른 지금에서야 '삐삐롱스타킹'을 다시 읽을 수 있었다. 어른이 된 나는 삐삐의 허를 찌르는 대화를 읽는다. 삐삐의 대사가 어른 보다 더 어른스러운 문장으로 나를 리드했다.

책을 펼칠 때마다 삐삐는 힘세고 영원히 늙지 않는 아이였다.

미닫이에 풀벌레 와 부딪는 소리가
째릉째릉 울린다.
장마 치른 창호지가
요즘 며칠 새 팽팽히 켕겨진 것이다.
이제 틈나는 대로
미닫이 새로 바를 것이 즐겁다.

가을꽃, 이태준의 무서록

지금은 이렇게 감성 문장을 쓰는 사람이 없다.

그 시절 그 사람이 사용하는 단어에서 가을 향기가 난다. 이태준의 문장을 읽으면 언급하지 않았는데도 바깥에 마당이 있는 듯 생생하다.

백 년을 머금은 가을 감성을 느끼고 싶을 때 이태준의 소설을 찾는다. 이태준은 단편을 잘 쓰기로 유명한 문장 수집가이다. 군더더기가 없고 깔끔한 문장을 썼다. 그 문장에 꼭 적합한 단어를 골랐다.

해방 전 이화여전에서 강의하며 소설가들의 문장을 집대성한 '문장 강화'를 집필했다. 그 책은 작가들의 필독서이며 글쓰기의 클래식이다. 그의 글쓰기 이론에 따르면,

글짓기는 말짓기라는 데 선명한 인식을 가져야 한다.

고 했다. 말하듯이 쓰는 글이 좋은 글이라고 강조하였다.

1933년 정지용, 이효석, 김기림, 이상과 함께 구인회 동인으로 활동하였다. 광복 이후 좌익 계열에서 활동하였고 6.25전쟁 중 월북해서 낙동강 전선까지 갔다가 영영 돌아오지 못했다. 북에서의 활동은 소문만 무성할 뿐 확인된 바 없다.

서울특별시 성북구 성북동 248번지에 가면 작가가 집필실로 이용했던 상허 이태준 고택이 있다.

매너가 신사를 만든다.

잉글리쉬맨 인 뉴욕, 스팅

신사가 없어지는 시대다. 영국에서 '젠틀맨Gentleman', 한글로는 '신사'란 단어를 기억에서 꺼냈다.

매너가 신사를 만든다.
Manners maketh man.

스파이 영화 <킹스맨>에서 '매너가 신사를 만든다'는 영화 대사가 유행했다. 매너는 영국 신사를 따라다니며 뒷받침하는 수식어다. 영국 신사는 점잖고 예의 바른 사람을 뜻한다.

이 문장은 영화 대사로 알고 있지만 그보다 1988년 2월 스팅이 부른 노래 가사에서 먼저 언급되었다.
영국 가수인 스팅이 부른 '잉글리쉬맨 인 뉴욕Englihman in Newyork'은 뉴욕을 들른 영국 신사의 심정을 고스란히 담고 있다.
한국인 시선으로 이해할 수 없는 영미 문화권의 특색이 있다. 미국 뉴요커와 영국 신사가 자연스럽게 어울릴 것 같지만 그렇게 어울리는 사이는 아니다. 개성이 남달라 이질감을 드러낸다.

뉴요커가 커피를 마시는데 반해 영국인은 홍차를 마신다. 커피와 홍차는 맛과 향 차이가 크다. 서로 만난다면 커피와 홍차의 차이를 들먹이며 자존심만 내세우다가 각자 길을 갈 만큼 취향이 다르다.

뉴욕은 이민자들이 모인 세계적인 미국 도시이다. 다양한 국적 사람들이 모여 살고 있다. 스타벅스 외에도 유래가 깊고 개성 넘치는 커피하우스가 포진되어있다.

커피하우스는 북새통이다. 바쁘게 밀려드는 도시인의 시간에 쫓겨서 밀려드는 주문을 한꺼번에 받느라 분주하다. 도시인들은 시간에 쫓기 듯 걸음이 빠르다.
뉴욕에서 커피를 마시지 않는다면 생각 외로 선택지가 많지 않다.
차를 즐겨 마시는 영국 신사는 소외감을 느낀다. 영국인은 뉴요커의 일괄적인 커피 취향에 도리질한다. 스팅은 이런 사실을 가사에 언급한다.

커피는 마시지 않아요. 홍차로 선택할게요,
구운 토스트를 곁들어주세요.

완전 영국인 취향이다. 영국 신사는 홍차와 위스키를 즐겨 마신다고 한다. 가사를 음미하면 점점 희소해지는 영국 신사에 대한 이야기란 걸 알 수 있다.
자기 절제와 신사가 드물고 신사다움을 찾아보기 어렵고 정중함과 예의 바름이 조롱거리가 되어 간다.

영국 신사는 점잖은 양반으로 알려져 있다. 신사는 절대로 뛰지 않는다. 그저 걸을 뿐이다. 피할 수 있으면 피하고 피할 수 없는 적 앞에선 당당하게 맞선다.

스팅은 노래 제목을 '잉글리쉬맨 인 뉴욕'이라고 했는데 해석하면 '뉴욕에 온 영국인'이라고 직역할 수 있다. 한 가지 의문점을 품었다. 왜 '젠틀맨 인 뉴욕'이 아니라 '잉글리쉬맨 인 뉴욕'일까?

영국 남자를 떠올리면 신사라는 이미지가 있었다. 실제로 신사가 많았지만 점점 없어지는 세태를 반영한 것일 테다.

젠틀맨이라는 단어 뉘앙스가 과거의 유물이 되어 변했고 젊은이들이 기피하는 단어가 되었다. 우리나라로 따지자면 '아저씨'를 '아재'라던가 더 비하하여 '꼰대'라고 부르는 과정과 비슷하다.

의미가 변질하는 것처럼. 서양에서도 젠틀맨이라는 단어는 고루하다고 받아들인다. 유행에 민감한 세대는 젠틀맨이라는 단어를 특별하고 세련된 단어로 취급하지 않는다.

젠틀맨의 가치를 옹호하던 세대는 이미 노인이 되거나 역사의 뒤안길로 사라졌다.

시대 변화에 따라 세대를 대표하는 단어가 하나둘 빛을 잃어갈 때 슬프다.

4

깃털 문장

뉴욕, 치앙마이, 홍콩, 또는 서울.

커피하우스에 들러 커피를 마셨다

광고 카피가 쓰인 도시 간판은,

도시 표정을 알린다.

조용하게 대화를 나누는 사람들

나도 그들 미소처럼 가벼워졌으면

한글이 그리워 깃털 문장을 읽었다.

가벼운 문장도

가여운 문장도 백 년 문장이다.

읽으면 마음이 튄다.

오이소! 보이소! 사이소!

부산 자갈치 시장 입구 간판

8년 전이었나. 부산 자갈치 시장 입구에 가면 간판에서 볼 수 있던 카피였다. 처음 읽고 정서적 충격을 받았다. 외국어인가? 갓 잡아올린 생선 같은 신선한 카피에 간판을 한참 쳐다보았다.

 이 문장은 거래를 알리는 시장의 첫인사이다. 사고파는 상행위가 집약되어 있다.

 오이소Come, 보이소See, 사이소Buy는 노상에서 물건을 내놓고 팔던 시절부터 시작되었다. 상인들이 경쟁적으로 목놓아 외쳤던 문장이다. 세대를 거슬러 올라 시장을 떠들썩하게 했었을 부름이라고 생각하니 가슴이 뜨거워졌다.

 문장에 세월의 흔적이 다분히 담겨있다.

 '오이소'는 이곳 자갈치 시장 가판으로 오라는 호객이다. 손님들을 불러들인다. 지역마다 차이는 있지만, 오이소라는 말을 들으면 억양으로 인해 부산에 왔다는 것을 체감하게 된다.

 '보이소'는 보면 살지 안 살지 결정을 내리게 된다. 마음속에서 갈등을 일으키는 단계이다. 환불이 안 되니 숙고해야 한다.

 '사이소'는 구입을 종용한다. 살지 안 살지 망설이면 가격 조정을 시도하며 사도록 유도한다.

 돈을 건네는 순간 흥정이 끝난다. 재래시장은 환불 교환은 안 되기에 신중하게 거래해야 한다. 그래서인가, 가끔 드잡이가 목격된다. 언성을 높여 싸우는 일이 종종 벌어진다.

해군이 아닌 해적이 되자!

애플컴퓨터 창업주, 스티브 잡스

세상이 주목하는 부자 회사, 시가 총액 1위를 차지하며 승승장구하는 회사를 꼽으라면 애플컴퓨터 사를 선뜻 떠올린다. 애플 공동 창업주이자 개발자인 스티브 워즈니악과 스티브 잡스는 동네 친구들을 모아 차고에서 창업한다.

사업이 점차 번창해서 회사가 중견 기업 규모를 갖추게 되자, 스티브 잡스는 40여 명이 넘는 매킨토시 컴퓨터 개발팀 직원들에게 다음과 같은 문구가 쓰인 티셔츠를 나눠줬다.

해군이 아닌 해적이 되자!

개발자들이 혁신적인 개발을 위해선 해적 정신이 필요하다고 보았다. 해군이 규칙에 얽매여 살아가는 데 비해 해적은 규칙을 무시한다. 해군은 관료적이지만, 해적은 개성이 넘치고 자유분방하다. 삐삐롱스타킹의 삐삐 아빠도 해적 선장인데 딸을 두고 바다로 떠날 정도로 부모 의무는 가볍게 내던진다. 어디로 튈지 모른다.

해적 정신은 매킨토시 컴퓨터 개발에 적용되었다. 당시 최대 컴퓨터 기업 IBM의 독점에 반대하며 예술가를 위한 컴퓨터를 만들자고 제안했고 진통 끝에 매킨토시를 출시했다.

매킨토시 컴퓨터의 저조한 판매량으로 매출이 하락하자 그는 이사회와 갈등이 생기고 자신이 창업한 회사에서 쫓겨난다. 자연스레 매킨토시 팀의 해적 정신은 사라진 것처럼 보였다. 잡스는 굴하지 않는다.

넥스트 컴퓨터사를 창업하였다.

그리고 영화 <스타워즈> 제작자인 조지 루카스에게서 픽사 스튜디오를 사들인다. 픽사에서 제작한 애니메이션 <토이 스토리>로 소위 대박을 터트린다. 각 언론은 스티브 잡스의 부활 신화를 연이어 보도했다.

반면 잡스를 쫓아낸 애플컴퓨터 사는 어려움을 겪는다. 부도 위기에 놓였는데 능력 있는 CEO를 찾던 중 스티브 잡스야말로 애플컴퓨터사에 적합한 인물임을 뒤늦게 인정한다. 1997년 화려한 성공을 발판으로 애플컴퓨터로 복귀한다. 그때 회사를 쇄신하는 카피를 내놓는다.

다르게 생각하라 Think Different!

다르게 생각하라는 '해군이 아닌 해적이 되자'라는 카피와 닮았다. 해적은 상식에 저항한다.

그는 애플컴퓨터가 해적처럼 도발하기를 원했다.

해적 정신이 담뿍 담긴 카피는 TV 홍보 광고를 통해 대대적으로 전파된다.

광고 전문

여기 미친 사람들이 있습니다. 부적응자, 혁명가, 문제아
네모난 구멍에 끼워진 동그란 마개처럼
이 사회에 맞지 않는 사람들
하지만 이들은 사물을 다르게 봅니다. 그들은 규칙을 좋
아하지 않습니다. 그들은 현상 유지도 원하지 않습니다.
우리는 그들을 찬양할 수도 있고, 그들을 부정하거나
추켜올리거나 비방할 수도 있습니다.
하지만 할 수 없는 일이 딱 한 가지 있습니다. 결코 그들을
무시할 수 없다는 사실입니다.
그들은 세상을 바꾸기 때문입니다. 그들은 인류를 진보시
켰습니다. 다른 이들은 그들을 미쳤다고 말하지만
우리는 그들에게서 천재성을 봅니다.

미쳐야만 세상을 바꿀 수 있다고 생각하기 때문입니다.
자기들이 세상을 바꿀 수 있다고 생각할 정도로 미친 사
람들이야말로 세상을 바꾸는 사람들이기 때문입니다.

다르게 생각하라Think Different!

그냥 하자!

나이키 광고 카피

스포츠 광고를 보면 환희의 순간이 스포츠의 매력이라고 주입시킨다. 운동선수 최고의 영예인 금메달을 거는 순간, 여러 선수들을 제치고 역전하는 모습, 상대를 바닥에 내리꽂고 승리의 기쁨을 포효하는 영상이 반복된다.

승리, 우승, 환희가 스포츠의 실체일까.

그렇지 않다고 나이키 광고 카피는 말한다.

운동선수가 듣는 익숙한 구호는 '나는 할 수 있어', '노력하라' 등이다. 실제로 운동선수들이 코치에게 지겹도록 듣는 말이다. 이에 반해 나이키가 1998년에 어처구니없는 카피를 내놓는다.

그냥 하자 Just Do It!

평범하다. 그러나 곱씹으면 평범한 문장이 아니다.

운동은 단발성이 아니라 반복 숙달해야 하는 자신과의 승부다.

최고의 운동선수는 재능이 있다는 이유로 하루아침에 금메달을 쟁취하는 실력자가 될 수 없다. 그보다 중요한 건 자기를 극복하고자 끊임없는 훈련을 필요로 한다.

승리는 순간이지만, 훈련은 일상이다.

요행을 바라고 실력 이상 괴력을 발휘하여 승리할 것을 요구하지 않는다. 매일 해내야만 하는 과업을 완수하라는 의미를 담고 있다.

원래 땅 위에는 길이 없었다.
한 사람이 먼저 가고
걸어가는 사람이 많아지면,
그것이 곧 길이 되는 것이다.

고향, 루쉰

자전거를 타면 평소와 다른 길을 달리게 된다.

지도를 보고 가급적 차량 통행이 적은 위험 부담 없는 길을 택하곤 한다. 그 길은 논밭 사이에 길게 난 농로였다.

서울시와 인천시, 부천시 경계에 녹지를 보전하는 개발제한 구역이 있다. 이곳의 매력은 농로가 있다는 점이다. 아파트는 없고 비닐하우스와 논밭만이 펼쳐져 있어서 시야가 넓고 공기가 맑다.

한 번은 자전거를 타고 신나게 달리다가 교량을 맞닥트렸다. 내를 건널 때 만든 1950년대 건설된 교량을 보고 깜짝 놀랐다.

왜 이곳에 이렇게 오래된 다리가 있을까.

생각해보니 그 길목은 염전이 있던 곳이었다. 소금 거래가 활발했던 시절, 교량으로 많은 사람들과 차량이 지나다녔다. 한때 버스가 다녔는지 낡은 정류소가 보였다. 세월이 흐른 지금 버스가 경유하지 않아서 아무도 찾지 않았다. 쓸쓸해 보였다.

오래된 교량은 옛길을 지나는 내게 세월의 야속함을 보여줬다.

사실 애초부터 길이 있던 것은 아니다.

우연히 4륜 구동 자동차 광고 카피를 듣고 감탄했던 기억이 있다.

길이 있어 내가 가는 것이 아니라,
내가 가는 곳이 곧, 길이다.

광고 카피에서 언급한 길은 나의 선택을 강조한다. 새로 길을 개척하라고 말한다.

4륜 구동 지프차 광고에서 위 내용과 비슷한 카피가 자주 언급된다. 지프차는 네 바퀴에 동력을 전달해서 달릴 수 있는데 비포장도로와 언덕을 오르는 괴력을 발휘한다. 내가 가는 곳이 길이라는 카피에 딱 적용될만한 차량이다

길과 관련된 대표적인 백 년 문장은 중국 작가 루쉰의 '고향(1921년 작)'에서 찾아볼 수 있다.

루쉰은 중국 문학가 겸 사상가이다. '광인일기', '아큐정전' 등의 명작을 썼다. 루쉰이 일찍 세상을 등지자 친분이 있던 이육사 시인이 추도문을 써서 신문에 실었다.

이육사는 루쉰의 '고향'을 직접 번역하였다.

'고향' 내용은 이렇다.

20년 만에 작중 주인공 '나'는 황폐해진 고향으로 돌아온다. 마을 친구들과 사람들은 무거운 세금에 억눌려 있다. 자식을 많이 낳아 길렀고 생활고로 초라한 삶을 이어간다.

'나'는 가난한 고향 친구에게 남은 물건을 주고 도시로 떠난다.

'나'는 친구보다 생활 형편이 낫다고 생각했는데 돌이켜보니 '나'와 고향 친구는 황폐하게 살아간다는 점에서 크게 다를 바 없었다.

그리고 '나'는 생각한다.

고향 중에서 일부

나는 희망에 대해 생각한다.
희망이란 것은 본래 있다고도 할 수 없고,
없다고도 할 수 없다.
그것은 마치 지상의 길과 같은 것이다.
원래 땅 위에는 길이 없었다.
한 사람이 먼저 가고
걸어가는 사람이 많아지면,
그것이 곧 길이 되는 것이다.

품질 좋은 제품을
제공하라.
그것이 최고의 광고다.

허쉬 초콜릿 회사 창립자, 밀턴 허쉬

사람들의 시선을 끌고자 기업은 과장 광고를 한다.

바이럴 마케팅이라는 이름으로 행해지는 블로그 후기, 댓글 광고 등 입소문을 낸다. 기업은 글 작성자에게 소정의 금품을 제공한다. 인터넷에선 광고성 리뷰들이 판을 친다.

실제 구매자는 물건 구매하기 전에 거짓으로 쓴 홍보가 아닌지 면밀히 살필 필요가 있다.

허쉬 초콜릿 컴퍼니는 1970년까지 광고를 전혀 하지 않았다. 창립자 밀턴 허쉬Milton Hershey의 경영 방침이다.

품질 좋은 제품을 제공하라. 그것이 최고의 광고다.

창립자 밀턴 허쉬는 사탕을 좋아하면 사탕 만드는 기술을 배워 익혔고 캐러멜을 좋아하면 밀크 캐러멜 기술을 익혀 공장을 차렸다.

초콜릿 맛을 본 후 캐러멜 공장을 과감하게 매각한 후 초콜릿 회사를 창업한다. 1907년 키세스 초콜릿을 출시하고 1908년 아몬드 초코바를 내놓는다. 출시하는 족족 대박이 난다.

그는 상류층만의 디저트였던 초콜릿을 대중화하였다.

미국 펜실베이니아 주 허쉬 타운은 초콜릿 공장 덕에 동화 같은 마을이 되었다. 초콜릿을 판매한 수익금으로 조성한 마을이다. 박물관, 학교, 놀이공원, 주택이 형성되어 있다.

5

표구 문장

학교에서도, 가정에서도, 친구도 안 알려주는 처세술
하지만 세상 살이에 꼭 필요하다.

옛날에는 좋은 글귀를 써서
표구한 후 벽에 걸어놓곤 했다.

주택이 사라지면서
표구된 문장을 볼 일이 없어졌다.

눈에 익기도 전에 문장이 사라졌고
미래의 문장을 읽으며 자란 친구는 외지로 나갔다.
지금까지 연락이 닿지 않았다.

울려고 내가 왔던가,

웃으려고 왔던가.

비린내 나는 부둣가엔

이슬 맺힌 백일홍

선창, 조명암 작사

나의 할아버지는 농부였기에, 해수욕을 꿈꿀 수 없었다.

해수욕이 보편화된 것은 그리 오래되지 않았다. 해수욕은 바닷물에서 노는 것. 백 년 전만 해도 일부 계층에서 즐기던 서양식 바다놀이였다. 해수욕이라는 단어가 본격적으로 시작된 계기는 1930년대 일제 강점기에 일본인들이 해운대에서 해수욕을 하면서 알려졌다. 바다는 어부들 일터였기에 즐기는 계층은 소수였다.

백 년 전에는 부둣가가 최고의 여행지였다. 철도가 놓여있기에 찾아가는 것이 수월했다. 목포항, 통영항, 제물포항, 부산항 등, 유명한 항구는 신선한 해산물을 먹으며 식도락의 진수를 느낄 수 있었고 작은 선창도 많았다.

그래서 그랬을까. 할아버지가 살던 시대는 항구와 관련된 가요들이 유행했다. '목포의 눈물(1936년)', '여수 항구(1964년)' , '비나리는 마산항(1968년)' 등의 가요가 히트 쳤다.

가사를 분석하니 부둣가는 해산물 성지임과 동시에 이별과 만남 사랑이 혼재하여 감정을 뒤흔드는 장소였음을 유추할 수 있다.

백 년 전, 청년들이 꿈꾸던 최고의 여행은 저 푸르게 빛나는 바다를 바라보며 선창에서 식도락을 즐기는 것이었다. 백석을 비롯한 많은 시인들이 부둣가를 거닐던 경험을 시로 남겼다.

할아버지도 살아있었다면 저 푸르게 빛나는 바다를 보며 '선창'의 곡조를 흥얼거리지 않았을까.

울려고 내가 왔던가, 웃으려고 왔던가.

첫 소절을 듣고 나는 압도당했다. 가사에서 들려오는 정서가 짙게 전해졌다. 단순하지 않았다.

선창은 배가 닿을 수 있는 곳을 말한다. 노래 속 화자는 세월이 흘러 선창에 돌아오니 옛 여자친구는 어디에도 없고 찬비만 내리는 풍경을 노래한다. 순정은 사라졌다며 망연자실한다.

'선창'은 1941년도에 발표되었고 고운봉이 노래하고 당시 인기 작곡가 김해송이 곡을 썼다. 조명암은 작사를 담당했다.

1941년 혼란스러운 시절에 발표되었기에 비운의 일화가 있다.
6.25 전쟁 후 작곡가 김해송은 북 피납 설이 돌았고 조명암은 월북해 고위직으로 활동했다. 월북 인사와 관련된 작품은 금지되었기에 가수 고운봉의 친형 고명기가 작사했고 이봉룡이 작곡한 것으로 사실과 다르게 알려졌다.
제6공화국 노태우 대통령 시절에 월북 예술인에 대한 해금 조치로 뒤늦게 조명암 작사, 김해송 작곡임이 밝혀진다.

선창

울려고 내가 왔던가, 웃으려고 왔던가.
비린내 나는 부둣가엔 이슬 맺힌 백일홍

그대와 둘이서 꽃씨를 심던 그날도
지금은 어데로 갔나 찬비만 내린다

울려고 내가 왔던가, 웃으려고 왔던가
울어본다고 다시 오랴 사나이의 첫 순정

그대와 둘이서 희망에 울던 항구를
웃으며 돌아가련다 물새야 울어라

계산을 분명히 합시다.
만약 내게 강요하면,
난 떠납니다.
이건 분명히 아쇼.
내가 인간이라는걸.

그리스인 조르바, 니코스 카잔자키스

계산을 분명히 합시다.

 사람들은 당연히 이 문장을 알면서도 입 밖에 꺼내지 못하고 머뭇거린다. 마치 고구마 몇 개를 삶아 먹은 사람처럼 갑갑하게 군다.
 흥정, 중요하다. 장사꾼이나 하는 걸로 알며 천대하는 경향이 있다. 흥정하려면 적극적으로 해야 한다. 물건을 살 때도 납득할만한 가격인지 따져보고 만족하는 가격에 거래를 성사시키려 노력한다.
 자기 몸값은 자신이 정하고 비로소 상대와 조율한다.

 그리스 작가 니코스 카잔자키스의 소설 '그리스인 조르바' 속 조르바는 광산 노동자지만 정열적인 남자다. 학식이 풍부한 소설 속 화자는 오히려 원초적으로 살아가는 조르바에게 식견을 배운다.
 조르바는 고용되면서도 자존감을 잃지 않는다. 조르바는 자신의 감정에 충실하다. 학력이 높지 않고 부자도 아니지만 조르바는 자존감으로 충만하다. 그래서 흥정할 줄 안다. 자기감정을 숨기지 않고 고스란히 상대에게 전한다.
 조르바는 일반적으로 학교에서 가르쳐 주지 않는 거래의 본질을 알려준다. 자신이 인간이라는 점을 특히 강조하며 인간적인 대접을 원한다고 말한다. 흥정의 근거는 적절했다.

이건 분명히 아쇼. 내가 인간이라는걸.

내 의견에 대한 나의 논리도

기억하지 않고서

내 의견을 기억하기란

매우 어렵다.

프레드리히 니체

우리는 일하면서 주변 사람들과 관계를 맺는다. 학교, 학원, 직장에서 그들과 의견을 나눈다. 평온한 대화는 생각보다 드물다. 때로 분쟁이 생겨 누군가 이기고자 마음먹으면 언성이 높아진다.

이뿐이 아니다. 시장에서 물건을 사는 경우를 생각해 보자. 물건에 하자가 생겨 교환하거나 환불하려 할 때 상인은 구입자 뜻대로 환불해주지 않는 경우가 많다. 어김없이 드잡이하게 된다.

의견을 내세웠으면 의견을 지탱하는 논리가 필요하다.

나의 논리를 꼭 기억해야 하는 이유가, 상대방이 '지금 무슨 소리하는 거냐'며 따지는 경우, 논리에 허점이 있다며 맹공격을 당하는 경우가 생각보다 많기 때문에 이를 대비한다.

세상 사람들은 알고 있지만 나만 모르는 법칙이 여기에 있다. 내게만 알려주지 않아서 손해보는 법칙.

니체가 말한 '의견의 법칙'이 그것이다. 의견을 제시할 때 필요한 지식이다. 이 법칙은 니체의 저서를 읽지 않는다면 알 수 없다.

머릿속에 넣어야 할 최소한의 논리를 기억하라. 그 아래 논리에서 어긋나는 맹점도 숙지한다. 맹점을 지적당하면 반격할 수 있는 방향을 생각한다.

내 의견의 논리를 기억하는 방법은 다음과 같다.

내 의견이 무엇인지 정확히 한마디로 설명할 줄 알아야 한다.

시나리오 쓰는 방법을 제시하는 책에서 보면 내가 말하려는 바를 한 마디 문장으로 정리하라고 말한다. 내용을 압축함으로써 자기 논리를 확실하게 기억하는 것이다.

타인과 토론을 할 때 머릿속으로 생각 정리를 한다.

생각 정리에도 기술이 있다. 이를 요약하자면 이렇다.

처음에는 주장하는 것들을 듣고 메모한다. 체계적으로 작업할 필요까지 없고 무작정 들은 대로 작성한다.

두 번째 메모 단계에서는 나를 통해 정리한다. 내 생각이라는 체로 걸러서 자료들을 정리하는 것이다.

세 번째로는 생각 정리의 단계인데, 예시를 여러 개 준비한다. 듣는 이가 여성인지, 청소년인지, 50대 어르신인지에 따라 예시를 대상 별로 준비해서 듣는 대상에 맞춰 끄집어낸다.

니체는 독일의 철학자다. 단 하나의 문장으로 철학의 특징을 집어낸다. 신은 죽었다로 대표되는 대담한 발언을 했으며 다양한 분야의 주제에 관심을 가졌다.

철학자 쇼펜하우어, 사회학자 랑게, 작곡가 바그너 등이 팬을 자처할 정도로 분야를 넘나드는 행보를 보였다. 바젤 대학에서 문헌학 교수가 되어서 음악가, 역사학자, 신학자, 종교학자, 동물학자 등과 친분을 맺었다. 거장들과 염문을 뿌렸던 마성의 여인 루 살로메에게 청혼했고 거절당한 사실은 화제가 되었다.

그가 쓴 문장을 읽으면 파격적인 행보를 느낄 수 있다.

인생을 정도로만 살면 절대 자기 삶의 주인이 되지 못한다.

헌책방을 찾아다니며 책을 읽었으며 '아침놀', '즐거운 학문(초인)', '차라투스트라는 이렇게 말했다', '선악을 넘어서;도덕의 계보', '힘에의 의지' 등 인기 저작물을 남겼다.

니체는 작가들이 좋아하는 철학자였다. 철학 소설가 조르주 바타유와 미셸 푸코, 철학자 질 들뢰즈 등이 영향을 받아 그에 대한 글을 집필했다.
도발적인 그의 사상은 백 년이 흐른 지금도 작가들에게 영감을 준다.

좀 더 많은 사람들이 축척된 금보다

음식과 활기와 노래를 소중히 여긴다면,

세상은 더 즐거워질 것이다.

존 로날드 로웰 톨킨

'호빗'은 1937년 9월에 출판되었다.

주인공 호빗이 사악한 용 스마우그에게서 보물과 영토를 되찾아온다. 힘겨운 격전을 치른 후 집으로 돌아가는 것을 소망한다. 골목쟁이로 돌아가 안락의자에 앉아서 쉬고 싶어 한다.

톨킨은 호빗을 통해 가정의 평화와 소박함이야말로 그 무엇과도 바꿀 수 없는 소중함이라고 말한다.

호빗이라는 용어 자체가 인간을 뜻하는 호모Homo와 토끼Rabbit를 합쳐서 만들었다는 말에 신빙성이 있다. 키는 인간의 절반이며 신발은 신지 않고 맨발로 다닌다. 동굴을 리모델링한 집에서 살며 흥얼거리며 소박한 즐거움에 만족한다.

호빗은 현대인처럼 소소하지만 확실한 행복을 추구한다.

전쟁을 겪은 이들이 이구동성으로 부르짖는 단어가 평화라는 것을 떠올리면 음식, 활기, 노래가 무엇보다 중요하단 걸 알 수 있다.

톨킨은 전쟁을 겪었던 사람만이 쓸 수 있는 경험을 책 속에 녹여 판타지로 담았다.

톨킨은 '반지의 제왕'을 쓴 판타지 소설가이면서 동시에 옥스퍼드 머튼대학 교수였다. 1차 세계대전을 직접 참전했던 톨킨은 암울한 전쟁관이 담긴 판타지 소설 '실마마리온', '호빗', '반지의 제왕'을 썼다. 전쟁에 대한 묘사는 무서움을 느낄 정도로 치밀하게 서술했다.

세 작품으로 판타지 대표 소설가 반열에 올랐다.

매일 우리 주위에서 새로운 신념들이

성장하는 걸 보라고.

스스로 새롭다고 생각하지만,

새로운 척 흉내를 내는 것일 뿐,

정작 새로운 것이 아니야.

드라큘라, 브람 스토커

출판 기획 회의를 하면 참신한 생각을 내놓으라고 한다. 사주는 대중을 놀라게 할 아이디어를 원한다. 획기적인 상품을 만들기란 어렵다. 신제품 기획안은 신제품인 척 포장하는 것일지도 모른다.

여기 새로운 생각에 디스를 날린 인물이 있다. 브램 스토커가 쓴 괴기 소설 '흡혈귀 드라큘라' 속 반 헬싱 교수이다.

드라큘라 백작의 뒤를 쫓는 흡혈귀 천적 반 헬싱 교수는 말한다.

스스로 새롭다고 생각하지만, 새로운 척 흉내를 내는 것일 뿐, 정작 새로운 것이 아니야.

정신과 의사 존 수어드는 한때 사랑했던 루시가 쇠약해져 가는 것을 안타까워한 나머지 유일한 해결사 반 헬싱 교수를 부른다.

반 헬싱 교수는 드라큘라 백작과 대적할 수 있는 흡혈귀 사냥꾼이다. 루시가 흡혈귀에 물린 것을 알고 살려내려 시도하지만 실패한다. 이미 루시는 죽지 않는 불사의 몸이 된 것이다.

반 헬싱 교수는 존 수어드와 루시 약혼자를 설득한다. 불사의 몸이 된 루시 영혼을 자유롭게 해주자고. 자신의 해결책을 믿어야 한다며 최면술, 독심술, 유체 이탈 등의 존재를 믿으라고 말한다. 믿지 못하는 그들에게 죽은 것과 다름없는 루시 심장에 말뚝으로 찌르는 방법이 유일한 해결책이라고 설명한다.

그는 시체와 다름없는 루시를 원초적인 퇴마술로 해탈시킨다.

대중에게 결코
둘 이상의 적을
제시하지 말라.

파울 요제프 괴벨스

여론을 선동하는데 조상급인 인물이 있다.

2차 세계대전을 일으킨 나치당 부장이며 독일 국민이 선동되도록 여론을 조장한 악당. 괴벨스 선전 장교이다.

역사상 손꼽히는 악당임에도 그가 남긴 문장이 위인이 남긴 명언 못지않게 인터넷을 타고 널리 유포되었다. 그가 요약한 선동의 법칙은 정치 관계자 뿐 아니라 마케팅을 하는 마케터들도 감탄할 정도로 대중 심리를 간파한다.

이 법칙은 SNS 시대를 맞이한 광고의 법칙과도 닮았다. 사실 관계를 정확히 확인하여 발표하는 객관적 사실 보다 수단 방법 가리지 않고 어떻게든 관심을 끌어모아 조회수를 올리는 추세를 봤을 때 그의 법칙은 끈질기게 사람들 심리를 흔드는데 일조한다.

**거짓말은 처음에 부정되고, 그다음 의심받지만,
되풀이하면 결국 모든 사람이 믿게 된다.**

**거짓과 진실의 적절한 배합이 100% 거짓보다
더 큰 효과를 낸다.**

괴벨스는 세상의 통념과는 정 반대의 시선으로 세상을 본다. 그의 문장을 보고 있자면 성악설 추종자로 보일 정도로 대중의 약점을 잡아채서 뒤흔든다.

괴벨스가 등장할 당시 독일은 혼돈의 도가니였다. 세계 대공황으로 인해 불황이 오자, 혼란을 틈타 히틀러와 함께 쿠데타를 벌인다.

히틀러는 전문가 괴벨스의 코칭을 받아 밑바닥 출신임을 강조하며 나치당 당세를 급격히 넓힌다.

괴벨스는 '혁명가'라는 단어를 반복하며 여론을 선도했다. 나치당이 혁명과는 적합지 않았음에도 다수의 지지를 받는다. 복종을 의미하는 '하이 히틀러' 함성이 광장을 뒤흔든다. 히틀러는 독일 내에서 막강한 독재자가 된다.

괴벨스는 총통 신화 창조자이며, 정치 심리의 예술가의 반열에 오른 선동가로 평가받고 있다.

국내외 정치계에 영향을 끼친 발언은 다음과 같다.

선동은 생각보다 쉬었나 보다. 사람 속에 내재된 연약한 면, 단순한 면, 악한 면을 꿰뚫어 보고 틈새로 파고든다.

선동은 문장 한 줄로도 가능하지만,
그것을 반박하려면
수십 장의 문서와 증거를 필요로 한다.
그리고 그것을 반박하려고 할 때는
사람들은 이미 선동 당해 있다.

분노와 증오는 대중을 열광시키는
가장 강력한 원동력이다.

가장 단순하게 가공하고, 반복할 수 있는 자만이
여론을 휘어잡을 수 있다.

6

시 문장

문장을 키운 건 9할이 시인이었다.

시인은

문장 하나 쓰는데

오랜 시간 공을 들인다.

한 달을 공들여 쓰는 시인도 있다.

직업 중에서

백 년 문장에 가까운 글을 쓸 수 있는 직업을 뽑자면,

시인일 것이다.

이 흰 바람벽에
내 가난한 늙은 어머니가 있다
내 가난한 늙은 어머니가
이렇게 시퍼러둥둥하니 추운 날인데 차디찬
물에 손은 담그고 무며 배추를 씻고 있다.

흰 바람벽이 있어, 백석

나는 겨울에 손을 씻을 때 희열을 느낀다.

한 겨울에도 온수에 손을 담그고 설거지를 할 수 있다니. 문명의 발전은 축복이다.

이렇게 따스한 물을 쓰게 된 시기가 가스보일러가 대중화되면서부터다. 20년 전만 하더라도 대부분 가정에서 온수를 쓰려면 미리 찬물을 받아놓고 끓이는 방법을 썼다.

백 년 전 백석 시인이 살았던 시대에는 온수가 귀해서 차디찬 물에 손을 담그고 설거지를 했다. 북에 있는 평안북도 의주 겨울 날씨는 혹독하다. 영하 10도 이하로 내려갈 정도로 춥다.

바람벽에선 바람 소리가 쐐애액 들린다. 바람벽은 방 옆을 막은 둘레 벽을 말한다. 흰 바람벽에는 쓸쓸한 것이 오가고 차디찬 물에 배추를 씻는 늙은 어머니가 있고 어여쁜 사람도 있다.

어여쁜 사람도 세월이 흘러 어머니가 되고 점점 늙어간다. 찬물에 손을 담그고 배추를 씻어가며 자식들을 키운다.

간혹 어머니를 소재로 쓴 글에 대한 반응을 보면 깊이가 없다느니, 또 지겹게 어머니라느니, 가족 감동주의에서 탈피하자는 발언도 있지만, 요즘 같은 1인 가구 전성시대에 더 부각되어야 하지 않나, 생각한다.

어머니에 대한 이야기는 인류가 탄생한 이래로 반복되어온 소재다. 거의 모든 문학 분야에 어머니 얘기가 담겨 있을 정도로 자주 언급된다.

유태인 격언 중에 오래전부터 떠돌던 말이 있다.

**신은 도처에 가 있을 수가 없기 때문에
어머니들을 만들었다.**

어머니의 고단한 삶에 고마움을 전하는 백석의 감정이 백 년이나 흐른 지금 고스란히 전해진다. 시를 통해 백석 어머니를 만난다. 백여 년 전, 음식을 준비하는 백석 어머니 모습이 눈에 선하다.

나는 이 시를 미국 텍사스에 머물며 외로움을 느낄 때 읽었다. 한글을 찾아보기 힘든 땅에서 인터넷으로 찾았다.

이 세상에서 외롭고 높고 쓸쓸하게 살아가도록 태어났다는 백석의 문장에 위로를 받았다.

흰 바람벽이 있어

오늘 저녁 이 좁다란 방의 흰 바람벽에
어쩐지 쓸쓸한 것만이 오고간다
이 흰 바람벽에
희미한 십오촉十五燭 전등이 지치운
불빛을 내어던지고
때 쩔은 다 낡은 무명샤쯔가 어두운
그림자를 쉬이고
그리고 또 달디단 따끈한 감주
나 한잔 먹고 싶다고 생각하는
내 가지가지 외로운 생각이
헤매인다
그런데 이것은 또 어인 일인가
이 흰 바람벽에

내 가난한 늙은 어머니가 있다
내 가난한 늙은 어머니가
이렇게 시퍼러둥둥하니 추운
날인데 차디찬 물에 손은 담그
고 무며 배추를 씻고 있다
또 내 사랑하는 사람이 있다
내 사랑하는 어여쁜 사람이

어느 먼 앞대 조용한 개포가의 나즈막한 집에서

그의 지아비와 마주 앉아 대구국을 끓여놓고 저녁을 먹는다

벌써 어린것도 생겨서 옆에 끼고 저녁을 먹는다

그런데 또 이즈막하야 어느사이엔가

이 흰 바람벽엔
내 쓸쓸한 얼굴을 쳐다보며
이러한 글자들이 지나간다
―나는 이 세상에서 가난하고 외롭고 높고 쓸쓸하니 살어가도록 태어났다
그리고 이 세상을 살아가는데
내 가슴은 너무도 많이 뜨거운 것으로 호젓한 것으로 사랑으로 슬픔으로 가득찬다

그리고 이번에는 나를 위로하는 듯이 나를 울력하는 듯이
눈질을 하며 주먹질을 하며 이런 글자들이 지나간다

—하늘이 이 세상을 내일적에 그가
가장 귀해하고 사랑하는 것들은
모두 가난하고 외롭고 높고 쓸쓸
하니 그리고 언제나 넘치는 사랑
과 슬픔 속에 살도록 만드신 것이다

초생달과 바구지꽃과 짝새와 당나귀가 그러하듯이
그리고 또 '프랑시쓰 쨈'과 '도연명'과 '라이넬 마리아
릴케'가 그러하듯이

울력하다 : 여러 사람이 힘을 합하여 일하다
바람벽 : 방 옆을 막은 둘레 벽
앞대 : 저 멀리 남쪽
개포 : 개라고도 하고 강이나 내에 바닷물이 드나드는 곳
이즈막 : 얼마 전부터 이제까지 이르는 가까운 때

죽는 날까지 하늘을 우러러

한 점 부끄럼이 없기를,

잎새에 이는 바람에도

나는 괴로워했다.

서시, 윤동주

유튜브로 팝스타 마이클 잭슨의 동영상을 보았다.

미식축구를 하는 중간, 하프 타임에 특설 무대 위로 마이클 잭슨이 춤을 추려고 서 있었다.

그런데 이상하다. 가만히 서 있기만 한다.

춤을 춰야 하건만.

그것도 장장 1분 30여 초 동안.

관객들은 가만히 서 있는 그에게 열광한다.

관객들 표정, 환호에는 뭔가 있었다.

미식축구 결승전 보다 더 강력한 것을 기대하는 환호성이었다.

마이클 잭슨은 서 있는 자세만으로도 경기를 능가하는 열광을 끌어낸다.

역시 팝의 제왕이었다. 춤을 추려는 자세 하나로 저렇게 수많은 팬들의 응답과 박수를 끌어내다니, 감탄했다.

시도 마찬가지다.

시집 앞에 위치한 첫머리 시를 서시라고 한다.

서시의 첫 문장. 이 하나의 문장으로 100년간 대중을 탄복시킬 시인이 나온다.

마이클 잭슨이 춤추기 전의 자세처럼 완벽한 단 하나의 시 문장이 시작된다.

죽는 날까지 하늘을 우러러
한 점 부끄러움이 없기를,

당시 시를 쓰던 시인들은 '부끄러움'이라는 단어에 당황한다. 사소한 단어 '부끄러움'은 읽는 이에게 질문한다. 하늘을 우러러 한 점 부끄러움이 없는지를. 언어의 엄격함을 다루는 시인에게 부끄러움은 매서운 단어이다. 친일파 시인들이 득세하던 시절에 나왔다는 사실이 공감을 일으킨다.

과거에 멋진 시들이 많았고 현재도 많이 쓰고 있고 미래에도 쓸 수많은 시들이 있지만, 시의 문장들 중 먼저 윤동주 서시를 찾고 필사하는 이유는, 보통 시에서 찾아볼 수 없는, 시 쓰는 자세가 담겨 있다.

서시를 읽으며 무심코 페이지를 넘기려다 갑작스럽게 전해지는 놀라움에 그 자리에서 움직일 수 없었다.
실로 무섭도록 강렬한 문장이었다.
몸으로 쓴 시, 생을 꿰뚫는 시
이제 알겠다. 부끄럼이 주는 삶의 고단함을.

이 한 문장으로 윤동주 시인은 백 년 시인이 된다.

서시

죽는 날까지 하늘을 우러러
한 점 부끄럼이 없기를,

잎새에 이는 바람에도
나는 괴로워했다.

별을 노래하는 마음으로
모든 죽어 가는 것을 사랑해야지

그리고 나에게 주어진 길을
걸어가야겠다.

오늘 밤에도 별이 바람에 스치운다.

1941년 11월 20일

오동나무 꽃으로
불 밝힌 이곳
첫여름이 그립지
아니한가?

오월소식, 정지용

최근에야 오월의 존재를 강하게 인식하고 있다.

오월은 결혼식이 유독 많은 달이다. 대학 캠퍼스는 오월에 축제를 연다. 아마도 백 년 전 청춘들은 알고 있었을 것이다. 오월이 공부하기도 좋고 놀기에도 좋다는걸.

오월 일정에 중간고사와 축제도 있어서 공부와 놀이를 번갈아 하며 극과 극의 체험을 한다. 도서관으로 총총히 걸어가는 학생들을 보자니, 학구열이 엿보인다.

"아, 학생이 되고 싶다."

이렇게 부르짖으면 중학교에 다니는 조카가 응수한다.

"그렇게 다니고 싶다면, 저 대신 학교에 가보시는 게 어때요?"

아, 그건 곤란하다. 중학생이 되어 빡빡한 입시 고통을 겪고 싶지는 않다. 다시 질풍노도의 시기를 겪을 순 없다.

이런 날엔 숲을 만끽하는 디지털 유목민이 되어 일에 열중하다가 잠깐 여유가 있을 때 전망 좋은 커피하우스에서 차 한잔하는 즐거움을 만끽하곤 한다.

오월은 첫여름이라고 한다.

정지용 시인의 오월 소식에 따르자면,

나뭇가지의 움직임은 추억이 소곤거리는 곳이라고 표현한다.

모처럼 날라온 소식에 반가운 마음이 울렁거리고 편지라도 읽는 날에는 글자마다 바다 물결이 넘실거린다.

오월은 쾌활해서 외딴섬에 로맨스를 찾아가고 싶다.

멀리서 들려오는 오르간 소리에 설렘이 일어난다. 정지용은 이화여전 교수였다. 나는 그가 거닐었던 교정을 떠올리면서 1927년 6월에 조선지광에 발표한 시 '오월 소식'을 낭독했다.

오월에 길을 걸으면 시인의 표현대로 쾌활한 오월 넥타이 같다.

대학 캠퍼스의 나뭇잎은 푸르고, 무성한 나무들, 수업 들으러 다니는 학생들, 적극적으로 학문을 탐구하는 학생들을 보자니, 저들도 첫여름을 닮았다.

문득 이렇게 좋은 계절에 타인의 결혼식이나 축제 같은 남의 경사나 쫓아다니며 오월을 탕진했다는 후회가 밀려온다.

이제는 오로지 나만의 오월을 느끼고 싶다.

그 일환으로 짬짬이 걷는다. 일하러 가는 길에는 두 가지 코스가 있다. 한 코스는 지하철역에서 내려 찻길을 건너 빌딩 몇 개 지나 도서관으로 가는 길이 있다. 또 한 코스는 공원을 관통해서 15분이나 걸어가야 했는데 울창한 가로수들이 반겨주는 길이어서 걷노라면 기분이 상쾌했다. 시간이 걸리더라도 후자 코스를 선택한다.

공원은 어제 비가 왔는지 빗물을 머금고 있었다. 특히 공원을 관통해서 지나가면 물을 머금은 나무들이 향기를 뿜어냈다. 지난밤

나무들은 하루 새 성큼 울창하게 자라났고 나뭇잎들이 무성했다.

후각을 편안하게 해주는 향기가 넘쳐흘렀다.

오감을 만족시켜주는데 그 달이 공교롭게도 오월이다. 여름이 시작되는 계절이었다.

<u>오월 소식</u>

오동나무 꽃으로 불 밝힌 이곳 첫여름이 그립지 아니한가?

어린 너그네 꿈이 시시로 파랑새가 되어 오려니.
나무 밑으로 가나 책상 턱에 이마를 고일 때나,

네가 남기고 간 기억만이 소곤소곤거리는구나.

모초롬만에 날러온 소식에 반가운 마음이 울렁거리어
가여운 글자마다 먼 황해가 남설거리나니.

......나는 갈매기 같은 종선을 한창 치달리고 있다......

쾌활한 오월 넥타이가 내처 난데없는
순풍이 되어,
하늘과 딱 닿은 푸른 물결 위에 솟은,
외딴 섬 로맨틱을 찾아갈까나.

일본말과 아라비아 글씨를 가르치러 간
쬐끄만 이 페스탈로치야, 꾀꼬리 같은 선생님이야,
날마다 밤마다 섬 둘레가 근심스런 풍랑에 씹히는가 하노니,

은은히 밀려오는 듯 머얼리 우는
오르간 소리……

1927년 6월 조선지광

날카롭게 쭉 뻗은 고양이의

수염에

푸른 봄의 생기가 뛰놀아라.

봄은 고양이로다, 이장희

고양이 몸짓은 예술가의 언어다.

앤디 워홀은 고양이를 스물다섯 마리나 키웠고 작품에도 고양이를 그렸다. 레오나르도 다빈치는 가장 작은 고양이는 걸작이라며 고양이를 사모하는 마음을 드러냈다.

이외에도 많은 예술가들이 고양이를 좋아한다. 시인, 작가도 고양이를 키우며 관찰하는 소재로 즐겨 썼다.

일본 근대 문학 작가 나쓰메 소세키는 '나는 고양이로소이다'에서 고양이 시선으로 인간사를 관찰하는 소설을 출간했다.

고양이 몸짓을 관찰하는 것만으로도 시와 소설이 나오고 웹툰이 그려진다. 이쯤 되면 예술가의 반려동물이라 부를만 하다.

예민한 동물이다. 집사에게 친숙하게 대하기도 하지만 간혹 냉정하게 굴며 밀당을 한다. 민감한 직업을 가진 예술가들은 고양이의 변화무쌍함에 사로잡힌다.

고양이는 털을 바짝 세울 때가 있다. 상대를 위협하는 것이다.

숙인 채 털이 처져있다면 한눈에 알 수 있다. 겁먹은 것이다.

이마를 비비려고 다가오는 건 친해지자는 신호다.

핥으면 주인을 보호하려고 하는 기특한 행동이다.

고양이가 배를 보이는 경우는 강아지와 차이가 있다. 강아지가 배를 보일 때는 신뢰를 느낄 때 하는 경우인데 비해, 고양이는 상대방을 살피며 싸우고자 노릴 준비를 하는 것이다. 싸울 태세로 누워있는 고양이 배를 만진다는 건 할큄을 당할 수 있기에 어리석은 행동이다.

옆으로 누울 때가 있는데, 이는 세상 살이 참 좋구나 하며 만족할 때 나오는 자세이다. 특히 게슴츠레한 눈으로 두리번거릴 때는 편안한 상태일 때 나오는 표정이다.

고양이의 표정 변화를 관찰하면, 시간 가는 줄 모른다. 혹시 세상 일에 무료한 사람이 있다면 고양이를 키워보라고 말하고 싶을 정도로 고독한 시간을 흔들어 놓는다.

이장희 시인은 고양이에게서 계절 변화를 감지한다. 고양이 수염에서 봄을 목격했으니 다른 계절도 충분히 찾아낼 수 있을 것만 같다. 표정을 상상하니 수염에 푸른 봄의 생기가 연상되었다.

시인은 1900년에 태어난 시인으로 어려서 신동이라고 불릴 정도로 똑똑했다. 언어 감각이 뛰어났다.

5살에 어머니와 사별하고 어린 나이에 결혼했지만 얼마 못 살고 별거했다. 일제강점기에 일본 통역을 지시하던 아버지와 사상적으로 대립했다. 경제적 지원이 끊긴다. 비사교적인 성격 때문에 친구가 적었다. 신경쇠약에 걸린다. 작품은 시 36편과 번역서만 남겼다.

시인의 대표 시는 1924년 5월 '금성' 3호에 실렸다.

봄은 고양이로다

꽃가루와 같이 보드라운 고양이의 털에
고운 봄의 향기가 어리우도다

금방울과 같이 호동그란 고양이의 눈에
미친 봄의 불길이 흐르도다

고요히 다물은 고양이의 입술에
포근한 봄 졸음이 떠돌아라

날카롭게 쭉 뻗은 고양이의 수염에
푸른 봄의 생기가 뛰놀아라

개 데리고 호이호이 휘파람 불며
시름 놓고 가고 싶은 길이다.

창원도昌原道 - 남행시초1, 백석

혼자 떠나고 싶은 날이 있다.

월요일 아침 출근 시간이 다가온다. 산더미처럼 쌓인 업무가 생각난다.

이런 날에는 휴일이 다시 오기를 애타게 바란다.

운전하는 동안 라디오에선 힘찬 출발을 알리는 음악이 선곡된다. 듣다 보면 문득 해변을 산책하고 싶다는 충동이 생긴다.

그런 심정을 백 년 전 시에도 느낄 수 있다.

아마도 훌쩍 떠나고 싶은 것은 본능인가 보다.

백석 시인의 문장이 응답한다.

개 데리고 호이호이 휘파람 불며
시름 놓고 가고 싶은 길이다

남행시초는 북한에 살던 백석 시인이 남으로 행장을 차리고 여행한다. 남쪽 바닷가 포구는 해산물이 풍부하며 날씨가 따뜻하고 경치가 아름답다. 소문의 근원지를 찾아 남쪽으로 떠난다.

낭독하면 시인과 함께 여행하는 느낌을 갖게 된다. 창원으로 향하는 설렘이 있다. 창원은 마산항이 지척에 있어 식도락이 가능하다.

백석 시인은 여행 다니면서 시상이 떠오르면 여행 시로 썼다. 경상남도 통영, 고성가도, 창원, 삼천을 다녀와서 남행시초를 남겼다.
　이 외에도 함경남도 중부에 있는 함주에 다녀와 신라 백성의 향수를 맛보고 여진의 살냄새를 맡았다는 함주시초도 남겼다.
　낯선 여행지에서 쓸쓸한 저녁을 맞이하며 느낀 정서를 시로 썼다. 읽어보니 이상의 외로움과는 다른 결을 지녔다.

우리들은 가난해도 서럽지 않다
우리들은 외로워할 까닭도 없다
그리고 누구 하나 부럽지도 않다

흰밥과 가재미와 나
우리가 같이 있으면
세상 같은 건 밖에 나도 좋을 것 같다.

　가정 밥상을 물끄러미 쳐다보면 시인은 가재미를 흰밥 얹은 숟가락에 놓고 먹어보라고 권할 것만 같다. 흰밥, 가재미 그리고 나만 있으면 외로움 따위, 가난 따위 침범 못한다.
　맛깔스러운 시 문장에 감동을 받는다.
　'창원도昌原道' 시 전문을 읽어보자.
　식도락을 즐기는 백 년 전 시인이 된 기분이다.

창원도- 남행시초 1

솔포기에 숨었다
토끼나 꿩을 놀래주고 싶은 산허리 길은

엎데서 따스하니 손 녹이고 싶은 길이다

개 데리고 호이호이 휘파람 불며
시름 놓고 가고 싶은 길이다

괴나리봇짐 벗고 화롯불 놓고 앉아
담배 한대 피고 싶은 길이다

승냥이 줄레줄레 달고 가며
덕신덕신 이야기하고 싶은 길이다

더꺼머리 총각은 정든 님 업고 오고 싶은 길이다

황혼아 네 부드러운 품
안에 안기는 동안이라도
지구의 반쪽만을 나의
타는 입술에 맡겨 다오.

황혼, 이육사

황혼은 해가 져서 어스름해지는 순간을 말한다.

황혼 무렵, 서울에서 서쪽 방향인 일산 방향으로 서둘러 가는데 버스 차창 너머 평소와 다른 붉은색 하늘이 펼쳐져 있었다. 나도 모르게 스마트폰에 손이 갔다. 촬영 기능을 터치해서 풍경 사진을 저장한다.

황혼은 평상시 하늘과 다르다. 하늘이 요동치며 거대한 물감을 흩뿌린 그림을 보고 있노라면 자연이 주는 선물에 새삼 놀란다.

일상이 주는 풍경에 감동받을 때가 있다. 바로 해 질 무렵이다.

집으로 돌아와 인터넷 브라우저를 열고 컴퓨터 바탕 화면으로 깔 만한 사진을 찾았다. 제법 황혼 사진이 쏟아졌다. 각 나라 사진가들이 찍은 황혼은 그들 국적이 다르듯 다 빛깔과 느낌이 달랐다.

공통점이 있다면 조물주가 마음대로 손을 휘휘 저어 만들었다는 사실. 수많은 선인들이 신이 그린 그림에 비유할만했다.

황혼이라는 제목을 나직이 발음해 보았다.

황혼이 지고 밤이 오면 이육사 시인의 시 '황혼'을 읽는다.

지구의 반쪽만을 나의 타는 입술에 맡겨 다오.

황혼을 마셔버릴 듯한 기운이 느껴진다.

이육사는 선구자였다. 선구자先驅者를 한자로 풀이하면 사람들을 이끄는 대열 앞에 선 자로 추진하는 능력 있는 인물을 가리킨다.

요즘은 선구자라는 단어를 쓰지 않는다. 아마도 현대어 '리더'라는 의미와 가까운 것 같지만, 거기에 더해 존경의 뜻까지 품고 있다.

백 년 전 지식인들은 선구자가 되고 싶다고 해서 될 수 없었다. 어두운 현실을 뚫고 나갈 만큼 기백이 당당해야 했다. 시 '황혼'을 읽으니 의지가 대단한 문장으로 점철되어 있음을 알 수 있다.

내 오월의 골방이 아늑도 하니
황혼아 내일도 또 저 – 푸른 커텐을 걷게 하겠지

이육사는 조부에게서 한학을 배웠다. 1925년 적극적으로 독립운동 단체 의열단에서 활동했으며 1927년 장진홍의 조선은행 대구지점 폭파 사건에 연루되어 대구 형무소에서 옥고를 치렀는데 그때 수인번호 264를 따서 이육사라고 지었다.

출옥 후, 베이징대학 사회학과에 입학하여 사상가 겸 문학가 루쉰과 사귀면서 독립운동을 이어갔다. 1933년에 귀국해서 시 '황혼'을 발표하고 신문사 잡지사를 다니며 시, 논문, 시나리오를 부지런히 발표했다. 루쉰의 중국 소설 '고향'을 번역할 때도 이 즈음이었다.

1943년에 동대문 경찰서 형사에게 체포되었고 광복을 1년 앞두고 베이징 감옥에서 옥사했다.

황혼

내 골방의 커텐을 걷고
정성된 마음으로 황혼을 맞아들이노니
바다의 흰 갈매기들 같이도
인간은 얼마나 외로운 것이냐.

황혼아 네 부드러운 손을 힘껏 내밀어라
내 뜨거운 입술을 맘대로 맞추어 보련다
그리고 네 품안에 안긴 모든 것에게
나의 입술을 보내게 해다오

저 십이성좌의 반짝이는 별들에게도
종소리 저문 산림 속 그윽한 수녀들에게도
시멘트 장판 위 그 많은 수인들에게도
의지 가지 없는 그들의 심장이 얼마나 떨고 있는가

고비사막을 걸어가는 낙타 탄 행상에게나
아프리카 녹음 속 활 쏘는 토인들에게라도

황혼아 네 부드러운 품안에 안기는 동안이라도
지구의 반쪽만을 나의 타는 입술에 맡겨다오

내 오월의 골방이 아늑도 하니
황혼아 내일도 또 저 — 푸른 커텐을 걷
게 하겠지
암암히 사라져간 시냇물 소리 같아서
한번 식어지면 다시는 돌아올 줄 모르나 보다

이 땅은 너의 땅, 이 땅은 나의 땅
캘리포니아에서 뉴욕까지
레드우드 숲에서 멕시코만 연안까지
이 땅은 너와 나를 위해 만들어진 것이다

This land is Your land 가사, 우디 거스리

땅의 주인은 이 땅을 딛고 살아가는 사람들의 것이다.

집주인 것도, 세입자 것도, 손님 것도, 공무를 집행하는 국가 것도 아니다. 이 땅은 땅에 살아가는 사람들을 위해 만들어진 것이다.

'이 땅은 너의 땅This land is your Land'은 노동자 집회 때 불린다. 동시에 제2의 미국 국가로 생각할 만큼 파급력이 세다. 교육기관, 민주당 선거운동, 컨트리 음악페스티벌 등에서 레퍼토리로 선택된다.

캐나다에서는 노래 가사 속 미국 지명을 캐나다 지명으로 바꿔 부른다. 서유럽의 남녀노소들도 대부분 알고 있는 민속 음악이다. 미국에서는 미국 국가인 '성조기여 영원하라The Star Spangled Banner' 대신 미국 국가로 지정하자는 이야기가 나올 정도다. 2차 세계대전 같은 대격동을 겪던 사람들에게 이 노래는 주인의식과 치유를 전했다.

이 곡을 부른 포크 가수, 우디 거스리는 1912년 7월 12일 오클라호마주 작은 마을에서 태어났다. 전통 민요를 수집하는 떠돌이가 되어 노래하며 다녔다. 열차를 타고 전국을 다니며 기타 연주를 했다. 연주를 통해 하루 식사 분을 얻으면 그것으로 요기했다.

우디는 단정한 헤어스타일을 고수했으며 셔츠와 면바지를 입었다. 포크 가수 밥 딜런은 그의 제자임을 자처했다. 목소리, 음악, 패션, 방랑을 그대로 받아들여 포크 음악의 선두 주자가 되었다.

가사를 음미하면 감동을 받는다. 미국의 주인은 어느 누구도 아닌, 이 땅에 사는 이민자를 포함한 모든 사람들 것이라는, 사실에.

이 땅은 너의 땅

이 땅은 너의 땅, 이 땅은 나의 땅
캘리포니아에서 뉴욕까지
레드우드 숲에서 멕시코만 연안까지
이 땅은 너와 나를 위해 만들어진 것이지

긴 고속도로를 걸으면
내 위로 끝없이 펼쳐진 하늘길이 보여
그리고 그 아래 황금빛 계곡을 보며
말하지
이 땅은 너와 나를 위해 만들어진 것이지

내 발길 따라 어슬렁거리며 산책을

다이아몬드 사막의 빛나는 모래까지

내 주위에서 목소리가 들려
이 땅은 너와 나를 위해 만들어진 것이지

날 멈추게 하려는 큰 벽이 있었어
그 팻말엔 페인트로 '사유지'라고 쓰여 있지
하지만 그 뒷면엔 어떤 것도 쓰여 있지 않아
이 땅은 너와 나를 위해 만들어진 것이지

태양이 떠오르면 난 배회했어
흔들거리는 밀밭과 먼지 낀 구름이 구르는 그곳을
안개가 자욱해지면 노래하는 목소리가 들려
이 땅은 너와 나를 위해 만들어진 것이지

첨탑의 그림자가 드리운 어느 맑은 아침
구제 사무소에서 내 사람들을 봤어

그들은 굶주려 서 있었고
난 의문을 갖고 서 있었지

이 땅은 너와 나를 위해 만들어진 것이지

오라, 우리도 언젠가는
가련한 낙엽이 되리니,
오라, 날은 이미 저물고,
바람은 우리를 휩쓸고 있다.

시몬, 그대는 좋아하는가,
낙엽 밟는 소리를

낙엽, 레미 구르몽

긴 여름이 지나고 가을이 왔다.

9월, 가을은 어김없이 온다. 그 옛날 가을이 오면 라디오에서 낭송되던 시가 있었다.

어린 시절 듣던 시 낭송은 아직까지 기억에 남아 있을 정도로 강한 인상을 남겼다. 가을이 오면, 땅에 닿을 듯 말 듯 한 긴 코트를 걸치고 대학 캠퍼스를 거닐었다. 주머니에서 시집을 꺼내 시를 읊으면 딜레탕트가 된다. 딜레탕트는 예술 애호가라는 의미도 있지만 피상적으로 여러 분야를 들쑤시는 사람을 뜻한다.

나도 시몬을 부르짖으며 가을의 딜레당트Dilettante가 되고 싶다.

시 '낙엽'을 낭송하자 폐간된 청소년 잡지 '학원'이 생각난다. 1952년 11월에 대구에서 창간한 청소년 잡지이다. 6.25전쟁 이후 청소년 문화가 부족했던 10대들에게 문화 갈증을 해갈해줬다.

지금 생각해도 꽤 많은 부수 10만 부가 발행될 정도로 선풍적 인기를 끌었다. 매해 수여되는 학원 문학상은 문학청년들에게 당선 열망을 안겨주었고 스타와 명사들을 배출하였다.

가을이 오니, 50년 전, 청소년들의 열정적인 문학 정신을 다시 만나고 싶다. 가을이 올 때 레미 구르몽 시 '낙엽'을 애송하며 문학 감성을 흡입하고 싶다.

시 '낙엽'을 쓴 레미 드 구르몽Remy de Grurmont은 시인이자 평론가였다. 그를 두고 염세적인 딜레탕트라고 불렀다. 시 평론 소설에 다재다능했다. 평론집 '문학적 산보'와 '철학적 산보'가 알려졌다.

낙엽

시몬, 나뭇잎이 져버린 숲으로 가자.
낙엽은 이끼와 돌과 오솔길을 덮고 있다.

시몬, 그대는 좋아하는가, 낙엽 밟는 소리를.

낙엽은 부드럽고 소리는 나직하다.
낙엽은 땅에 연약하게 흩어져 있다.

시몬, 그대는 좋아하는가, 낙엽 밟는 소리를.

해 질 무렵, 낙엽 모습은 서글프다.
바람이 몰아치면 낙엽이 정답게 외치는데

시몬, 그대는 좋아하는가, 낙엽 밟는 소리를.

밟으면 낙엽은 영혼처럼 울고,
날개 소리, 여인의 옷자락 소리를 낸다

시몬. 그대는 좋아하는가, 낙엽 밟는 소리를.

오라. 우리도 언젠가는 가련한 낙엽이
되리니,
오라. 날은 이미 저물고, 바람은 우리
를 휩쓸고 있다.

시몬. 그대는 좋아하는가, 낙엽 밟는 소리를.

나 죽으면
어쨌든
가로등이 되고 싶네
하여 너의 문 앞에 서서
납빛 저녁을 환히 비추리.

가로등의 꿈, 볼프강 보르헤르트

글을 읽으면 황홀한 감정에 빠진다. 나는 그 시간을 '밑줄 긋기의 향연'이라고 부른다.

멋진 문장들과 재미있는 스토리들로 채워진
책 속 문장을 읽다가 감흥을 받는 순간,
밑줄을 긋는다.

간혹, 문장을 간직하고 싶으면 폰에 옮겨 타이핑도 하고,
카메라로 한 컷 찍어서 사진 앨범에 저장한다.
흥미로운 순간은 나직이 읊을 때이다.
입술에서 새는 발음이 방을 채운다.

볼프강 보르헤르트는 암울한 전쟁이 벌어지는 참혹함 속에서도 날카로운 청춘을 포착해낸다. 그는 죽어서도 잊히고 싶지 않았다.
가로등 불빛이 되어 납빛 저녁을 비추겠다고 말한다. 납빛 저녁은 어떤 저녁일까. 볼프강 보르헤르트 생애를 살펴보면 짐작이 가능하다.

작가 볼프강 보르헤르트는 독일 함부르크에서 출생했다. 불온한 내용을 담은 시를 썼다고 체포된다.
2차 세계대전에 징집되어 참전. 전역 전날 괴벨스를 조롱했다며 구금되었고 병까지 났다.

1945년 프랑스군에게 포로로 잡혔으나 이동 중에 탈주했다. 어린 시절부터 연극을 하고 싶어해서 함부르크 극장 조감독으로 활동했으나 얼마 안 가 쓰러진다.

병상에서 2년간, 혼신의 힘으로 시와 산문, 희곡 등을 집필한다. 일명 폐허 문학이라고해서 하인리히 빌, 한스 베르너 리히터와 함께 폐허 문학의 삼인방 중 한명이 되었다.

대표작은 희곡이다. 1947년에 '문밖에서'를 썼다. 병중에서 쓴 희곡으로 라디오 드라마로 송출되어 독일 국민의 엄청난 반응을 이끌어 낸다.

'문 밖에서' 줄거리는 이렇다. 전쟁에서 돌아오니, 집은 남에게 넘어갔고 가정이 풍비박산 난 암울한 상황을 그렸다.

작품은 딱 2년 동안 쓴 희곡 '문 밖에서'와 시집 '가로등'과 '밤과 별', 단편 '민들레'가 있다.

<u>가로등의 꿈</u>

나 죽으면
어쨌든
가로등이 되고 싶네
하여 너의 문 앞에 서서

납빛
저녁을 환히 비추리.
아니면 커다란 증기선이 잠자고
소녀들이 웃음을 짓는 항구.

가느다랗게 나 있는 불결한 운하 옆에서
나는 깨어
고독하게 걸어가는 사람에게
눈짓을 보내리.

좁다란

골목, 어느 선술집 앞에

붉은 양철 가로등으로

나는 걸려 있고 싶네……

하여 무심코

밤바람에 실려

그들의 노래에 맞추어 흔들리고 싶네.

아니면 한 아이가 있어

혼자 있음을 깨닫고, 창 틈에서

바람이 으르렁거리며

창밖에는 꿈들이 귀신처럼 출몰하여

놀라워하거든, 눈을 크게 뜨고

그 아이를 비추어주는 가로등이 되고 싶네.

그래, 나 죽거든
어쨌든 가로등이
되어,

이 세상 모든 것이 다 잠든
밤에도 오로지 홀로 깨어
달과 이야기를 나누고 싶네……
물론 너, 나 친밀한 사이로

서가에 꽂힌 금빛, 갈색의 책 위에
어둠이 내려앉는다.
지나온 나라들을,
많은 형자形姿를, 다시 잃어버린
여인들의 의상을
너는 생각한다.

추억, 라이너 마리아 릴케

세상이 망해도 미국 의회 도서관만 건재하다면 문명을 재건할 수 있다. 그만큼 도서관은 중요하다.

톰 크루즈 주연 SF 영화 <오블리비언>을 봤다. 황폐화된 미래 사회가 배경인 영화이다. 주인공이 도서관 서가에서 문명을 찾아보며 풍요로운 과거 유산에 놀란다. 인상적인 장면이다.

생각해보라. 실제 세상 곳곳에 있는 도서관은 다양한 장서를 보유한 장소다. 책장에 꽂힌 책 또는 영상기록물마다 무궁무진한 인류 보물이 잠자고 있다.

나는 깊어가는 계절에 읽고 싶은 책들 이름을 술술 댈 수 있다는 사실에 기쁨을 느낀다. 이럴 때 나를 칭찬해주고 싶다.

책 목록을 들고 도시 깊숙한 곳에 자리잡은 도서관에서 책을 뒤적이며 비밀 문장을 찾는다. 이렇게 나만의 여가를 보낸다. 그런 즐거움 이상으로 또 다른 호사스런 취미가 있다.

나만의 서가를 갖추는 것이다.

인테리어 용도로 서가를 비치하는 경우도 있지만, 애서가들은 자신이 열람하는 용도로 마련한다. 인테리어로 활용하는 서재와 애서가의 서재는 에너지가 다르다. 애서가의 서재에는 열정이 담겨 있다.

내 서가에는 아버지 어머니가 사모은 옛 책과 내가 서점에서 구입한 책까지 합쳐 많은 도서로 채워져있다. 우리 집 역사이며 대한

민국 역사 일부라고 자평할 정도로 책을 모았다. 오래된 잡지에서부터 사전, 옥편, 역사서, 문고본, 시집, 소설 등의 도서가 꽂혀 있다.

간혹 서재를 살펴보면 옛 추억이 떠오른다. 지금은 잘 쓰지 않는 단어가 되어버린 바캉스를 주제로 서술한 잡지 부록을 발견하고 큭큭 웃었다. 어머니가 젊은 시절 구입한 여성 월간지 부록이었다. 아마도 어머니 세대는 바캉스 가는 것이 로망이었음을 알 수 있다.

실제로 바캉스 특집 부록을 펼치면 라이너 마리아 릴케가 말한 대로 잃어버린 여인들의 의상을 볼 수 있었다. 그 시절 패션 센스를 뽐낸 여성 패션 광고를 볼 수 있다. 수영복을 입고 해변에서 촬영하거나 스튜디오에서 하얀 하프슬립을 입은 모델이 포즈를 취하고 있었다. 최선을 다한 포즈였으리라.

릴케의 '추억'은 백 년 전 발표된 시임에도 서가 감성이 발견된다.

릴케의 서가는 릴케 시를 만들었다고 해도 지나치지 않다. 시인에게 책을 소장한다는 것은 시 쓰는데 필요한 수집 행위였을 것이다.

릴케는 우리나라 시인들에게 사랑받는 시인이었다. 윤동주 시 '별 헤는 밤'에는 릴케는 이웃 사람들과 나란히 언급할 정도로 친근한 시인이었다. '별 헤는 밤'에서 일부 발췌했다.

소학교 때 책상을 같이 했던 아이들의 이름과 패, 경, 옥,
이런 이국 소녀들의 이름과, 벌써 아기 어머니된 계집애

들의 이름과, 가난한 이웃 사람들의 이름과, 비둘기, 강아지, 토끼, 노새, 노루, '프랑시스 잠', '라이너 마리아 릴케' 이런 시인의 이름을 불러 봅니다.

릴케는 1875년 12월 4일, 체코 프라하 출생. 어머니는 처음 낳은 딸이 죽자 릴케를 여자아이로 키웠다. 성장하여 마성의 여인 루 살로메와 만나 사랑에 빠진다. 뜨거운 연애를 하는 시인이라니. 문학도들을 놀라게 했다. 루 살로메와 헤어진 이후, 한곳에 정착하기 보다 방랑을 즐겼다. 현대에 태어났다면, 디지털 노마드가 되어서 세계를 떠돌아다니지 않았을까 짐작된다.

릴케는 죽음에 이르러서도 유명한 일화를 남겼다.

1926년 릴케의 시 세계를 흠모하던 아름다운 여인 니메트 엘루이가 방문한다.

릴케는 백혈병이 걸린 와중에도 로맨티시스트답게 여인을 위해 장미 몇 송이를 꺾어주다가 장미 가시에 찔렸다. 상처가 아물지 않아 죽음에 이르렀다.

당시 문학청년은 소녀에게 장미를 꺾다가 죽었다며 시인다운 죽음이었다고 놀라워했다.

__추억__

하여 너는 기다리고 있다, 너의 삶을
무한히 풍성케 하는 한 가지 일을,
강력한 것을, 평범치 않은 것을,
돌이 눈 뜨는 것을,
너를 향한 깊은 심연을,

서가에 꽂힌 금빛, 갈색의 책 위에
어둠이 내려앉는다.

지나온 나라들을
많은 형자形姿를, 다시 잃어버린 여인
들의 의상을
너는 생각한다.

7

불완전한 사랑 문장

사랑은 가고 추억은 남는다.

이름 모를 약수터에서 정성으로 쌓았다는 탑을 보았다.

그저 돌무더기에 불과해 보였다.

저 정도의 위업을 쌓으면 사랑이 이루어질 수 있을까.

정성이 얼마나 쌓어야 사랑을 이룰 수 있을까.

탑처럼 단단한 문장을 쌓자.

매일

일 백 년의 세월에도 견고한.

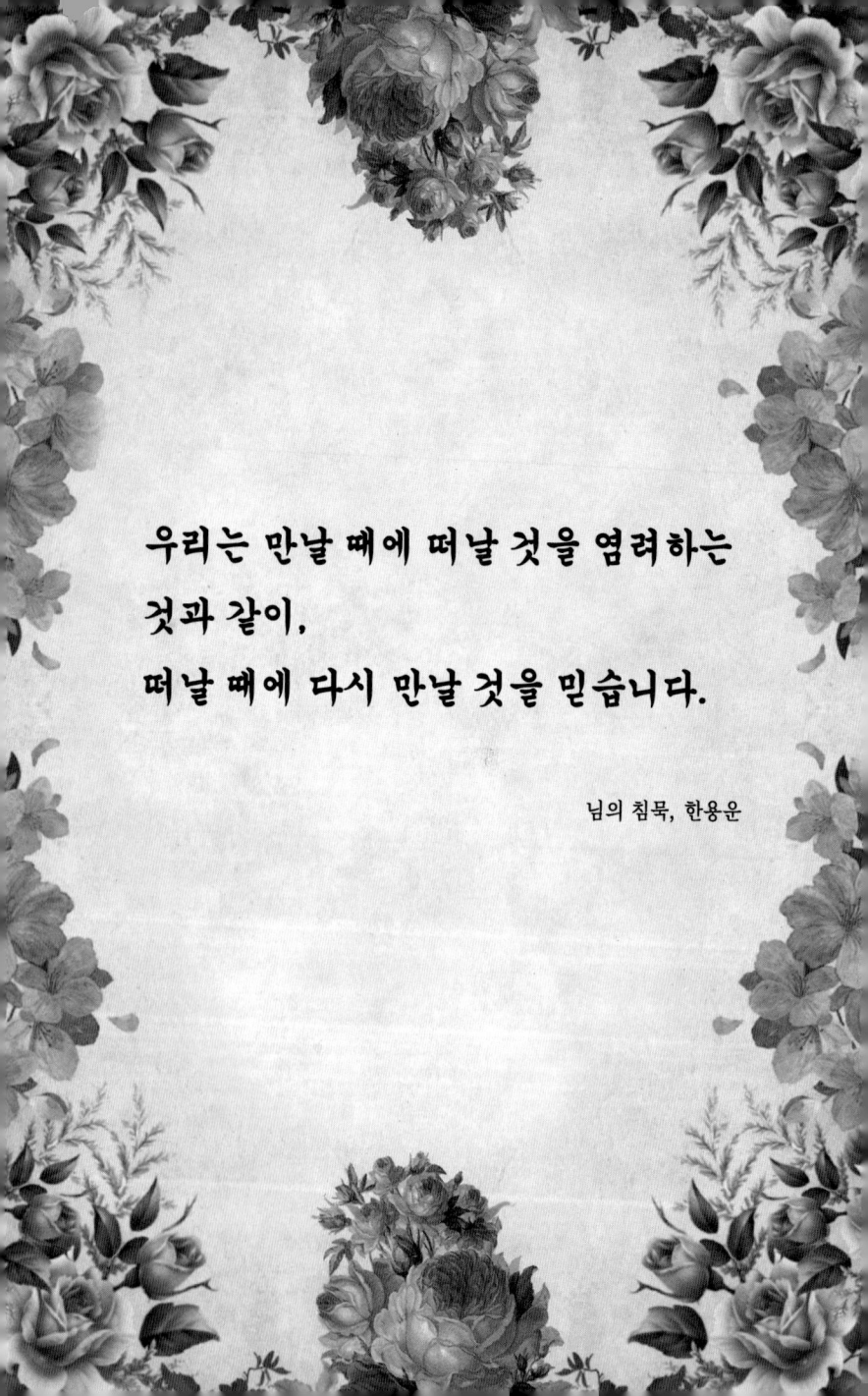

우리는 만날 때에 떠날 것을 염려하는 것과 같이,
떠날 때에 다시 만날 것을 믿습니다.

님의 침묵, 한용운

연애를 실제로 하는 연애꾼들은 이렇게 아름다운 문장을 쓰진 못한다. 달콤한 말을 하지만 문장으로 옮기기엔 낯 뜨겁고 속이 빤히 보여 유치하다. '진심을 다해 싸랑합니다, 금자 씨.', '제 불타는 사랑은 순수 그 자체입니다.', '사랑에 빠졌을 뿐, 이상한 사람이 아닙니다.'

이런 유의 식상한 말을 메시지로 작성한다. 빤히 드러나는 과장은 지우자.

여기 떠나간 애인도 다시 돌아오게 할 것 같은 시 문장이 있다.

우리는 만날 때에 떠날 것을 염려하는 것과 같이,
떠날 때에 다시 만날 것을 믿습니다.

이별과 만남을 훌륭하게 쓰는 시인.

세간에서 연애 시 분야만큼은 한용운 시인을 최고라고 평가한다. 그의 시를 읽으면 그 평가를 수긍하게 된다. 시가 연애편지처럼 읽힌다. 마음을 간지럽히는 표현에 놀라고 시를 쓴 장본인이 스님이라는 이력에 또 한 번 놀란다.

이렇게 맛깔난 문장을 구사하다니. 수상하다.

스님 맞나 의구심까지 품다가 독립운동가라는 이력에 놀란다. 생애를 더듬어보자니 변화무쌍한 일생을 보냈다. 못하는 것이 없는 완벽한 시인이었다. 연애 시를 쓰려면 정신이 강해야 할 지도.

한용운 시인은 충남 홍성 출신으로 1892년 14세에 결혼했으나 1905년 인제에 있는 백담사로 들어가 정식 출가한다.

1925년에 백담사에서 시집 '님의 침묵'을 쓴 후, 1926년에 외동서관에서 출간했다. 1927년부터 민족 운동 단체 신간회 및 항일 비밀 독립 운동 단체에서 활동했다. 1944년 광복을 1년 앞두고 서울 심우장에서 65세의 나이로 입적했다.

아아, 님은 갔지마는 나는 님을 보내지 아니하였습니다.

한용운 시에 '님'이라는 단어가 유독 눈에 밟힌다. 상대를 높여 부르는 높임말이다. 분명 지금은 쓰지 않지만, 백 년 전에는 '님'을 즐겨 쓰던 시대가 있었다. 임금과 같은 최고의 권력에만 붙이던 극 존칭을 사랑하는 상대에게 붙임으로써 존중을 표했다.

학창시절에 한용운 시 속 님은 어떤 '님'이냐고 질문이 수없이 나왔다. 님은 조국 광복이냐, 부처님이냐, 사랑하는 연인이냐?
궁금하지만, 사실 님은 읽는 사람이 해석하기 나름이다.
나는 '님'에 좋아하는 여자 친구의 이름을 넣어서 낭송하곤 했다.
한용운 시집을 펼치면 '님'의 정체에 대하여 군말이라는 제목으로 직접 설명했다. '님'은 독자가 생각하는 그 '님'이 맞다. 독자 3000명이 '님'을 읽었다면 '님'에 대한 해석은 3000개가 된다.

세상에서 가장 날카로운 키스는 아마도 '님의 침묵' 속 키스일 것이다. 이보다 강력한 키스 문장은 찾기 어렵다.

**날카로운 첫 키쓰의 추억은
나의 운명의 지침을 돌려놓고 뒷걸음쳐서 사라졌습니다.**

**나는 향기로운 님의 말소리에 귀먹고
꽃다운 님의 얼굴에 눈멀었습니다.**

'님의 침묵'에서 맹세의 덧없음을 표현한다.

남녀의 맹세는 미풍에 날아갈 정도로 가벼운 것이었다. 백 년 전의 맹세가 티끌이었다.

한용운 문장에 동의하지 않으려고 거부해봐도 결국 수긍하게 된다.

**황금의 꽃같이 굳고 빛나던 옛 맹세는
차디찬 티끌이 되어서 한숨의 미풍에 날아갔습니다.**

로미오 과일나무 가지 끝을 은빛으로 물들이는
저기 저 축복받은 달님에게 서약컨대—

줄리엣 오, 둥근 궤도 안에서 한 달 내내 변하는
지조 없는 달에게 맹세하진 마세요, 그대
의 사랑도 그처럼 바뀌지 않도록.

로미오 어디에다 맹세하죠?

줄리엣 아무 맹세 마세요. 하겠다면 품위 있는 자
신에게 맹세해요, 이 몸이 우상으로 숭배
하는 신이니까. 그럼 믿을 거예요.

로미오 내 가슴의 사랑이—

줄리엣 저, 맹세하지 말아요. 그대가 좋긴 해도
오늘 밤 이 언약은 즐겁지 않답니다.

로미오와 줄리엣, 셰익스피어

남녀가 나누는 대사를 엿들으면 유치하다.

세상에서 제일 유치한 두 남녀의 대화를 엿들어보자.

달과 별에 대고 사랑을 맹세했을 때는 그런가 보다 하며 들었는데, 했던 맹세를 취소할 때는 손발이 오글거린다. 몇 분 사이에 오락가락하는 소녀에게서 조바심이 읽힌다.

사랑에 빠진 남녀의 말은 핑퐁 같다. 탁구 칠 때 나는 소리 핑과 퐁처럼. 로미오가 핑 하고 치면 줄리엣이 퐁 하고 받아친다. 핑퐁이 오갈 때 잘 되어가는 연애라고 할 수 있다.

로미오와 줄리엣, 십 대 젊은 연인들이 사랑에 빠졌을 때 대사는 귀를 간지럽힌다.

로미오가 묻는다.

"어디에다 맹세하죠?"

줄리엣이,

**"하겠다면 품위 있는 자신에게 맹세해요,
이 몸이 우상으로 숭배하는 신이니까."**

라며 응수한다. 소년 로미오를 신으로 숭배하다니. 빵, 웃음이 터졌다. 200년 된 줄리엣 대사가 나를 웃기다니.

연인 로미오 고백을 받는 찰나 줄리엣은 어떤 연유인지 즐겁지 않다며 토라진다.

아, 왜?

십 대 소년 소녀의 대사를 감칠맛 나게 쓴 셰익스피어는 영국의 극작가 겸 배우로 활동했다. 십 대 감수성을 가벼우면서 촌스럽지 않게 품격을 갖춘 비극으로 완성시킨다. 로미오와 줄리엣의 대사는 주고받는 가사처럼, 사랑 시처럼 아름답다.

그가 남긴 작품은 수많은 나라에서 연극화되고 있을 정도로 인기가 높다. 지금도 현재진행형이다. 어느 시대였건 로미오와 줄리엣 역할에 누가 선정될지 귀추가 주목될 정도로 관심을 받는다.

보통 시대를 대표하는 미남 미녀 배우가 로미오와 줄리엣 역할을 맡는다.

사랑에 빠진 십 대 남녀의 대사는 가볍다. 연애 문장도 그 어떤 문장보다 가볍다. 유혹의 언어이며 과장으로 점철된 문장을 구사한다. 그렇다고 고정된 의미를 품은 것은 아니고 마치 물처럼 유유하게 흐른다.

로미오가 근사하게 사랑의 맹세를 하려고 하자 줄리엣은 맹세를 제지한다. 고운 손으로 로미오의 입을 막았으리라.

사랑에 빠진 십 대 소녀의 언어는 이렇게 재기 발랄하다.

"저, 맹세하지 말아요. 그대가 좋긴 해도 오늘 밤 이 언약은 즐겁지 않답니다."

인류가 시작된 이래로 어린 연인들은 달을 두고 맹세를 했을 것이다. 줄리엣은 로미오가 언급한 달이 갑자기 마음에 들지 않았나 보다. 자신의 불만을 이야기한다. 달이 들었다면 발끈했을 것이다.

"오, 둥근 궤도 안에서 한 달 내내 변하는 지조 없는 달에게 맹세하진 마세요, 그대의 사랑도 그처럼 바뀌지 않도록."

지금 그 사람의 이름은 잊었지만
그의 눈동자 입술은 내 가슴에 있네.

세월이 가면, 박인환

핫플레이스는 인파가 몰리는 핫한 장소를 말한다. 최근 한국의 핫플레이스를 뽑으면, 이태원 경리단길, 홍대 앞, 가로수길 등을 들 수 있다. 젊은이들이 모이는 거리의 밤은 대낮처럼 환하다.

휴일마다 군중이 몰리는 거리는 가슴을 설레게 한다.

과거 아버지 세대, 또는 아버지의 아버지 세대가 즐겨 다녔던 핫플레이스가 있다.

백 년 문장에 어울릴만한 핫플레이스. 바로 서울 중심 시가지 명동이다. 명동은 백 년 동안 젊은이의 성지로 기반을 단단히 다졌다. 50년 전에 이미 대폿집, 찻집, 소극장, 양장점, 병원, 은행 등이 들어서 있었다. 젊은이들은 양장점에서 맞춘 세련된 정장을 뽐내며 거리를 거닐었다.

청춘들이 모였던 장소였지만 지금은 해외 관광객들이 제일 먼저 찾는 관광지로 바뀌었다.

인터넷으로 1960년대 젊은이들 사진을 찾아보니 명동을 활보했던 멋쟁이들이 눈에 띈다. 아버지 세대, 아버지의 아버지 세대가 멋진 패션과 젊은 가슴으로 핫플레이스 명동을 활보하고 있었다.

내 가슴이 뜨거워졌다.

영상 자료를 찾으러 동영상 사이트인 유튜브로 접속했다.

당시 상황을 재연한 드라마가 검색되었다.

EBS 방송사에서 2004년 9월 5일부터 2004년 11월 28일까지 방영했던 <명동백작>이 검색되었다.

지적인 젊은 문인들과 예술가들이 명동을 중심으로 그들의 뜨거운 젊음과 열정을 펼쳐낸다. 전쟁 후 시대였던 50년대 60년대가 주요 시대 배경인데 당대 명동에서 활발히 활동했던 연합신문 문화부장 이봉구, 시인 박인환, 수필가 전혜린, 시인 김수영, 화가 김중섭 등이 등장인물로 나온다.

명동 백작 시인 박인환은 광복 이후, '마리서사' 서점을 경영하다 1948년 경향신문사 기자로 근무한다. 전쟁 이후, 피난지 부산에서 모더니즘 운동을 전개하였다.

도시 불안과 감상을 주 테마로 하였다. '세월이 가면'은 노래로 만들어질 정도로 유명했다.

'목마와 숙녀'는 가을만 되면 사람들이 감상적으로 낭독하는 가을 시가 되었다.

명동을 활보하던 시인 박인환은 이미 이 세상 사람이 아니지만 그가 남긴 시는 가을마다 애송되어 문학청년 가슴에 낭만을 환기한다.

세월이 가면

지금 그 사람의 이름은 잊었지만
그의 눈동자 입술은
내 가슴에 있네

바람이 불고
비가 올 때도
나는 저 유리창 밖
가로등 그늘의 밤을 잊지 못 하지

사랑은 가고
과거는 남는 것
여름날의 호숫가 가을의 공원

그 벤치 위에
나뭇잎은 떨어지고
나뭇잎은 흙이 되고
나뭇잎에 덮여서
우리들 사랑이 사라진다 해도

지금 그 사람 이름은 잊었지만
그의 눈동자 입술은
내 가슴에 있네
내 서늘한 가슴에 있네

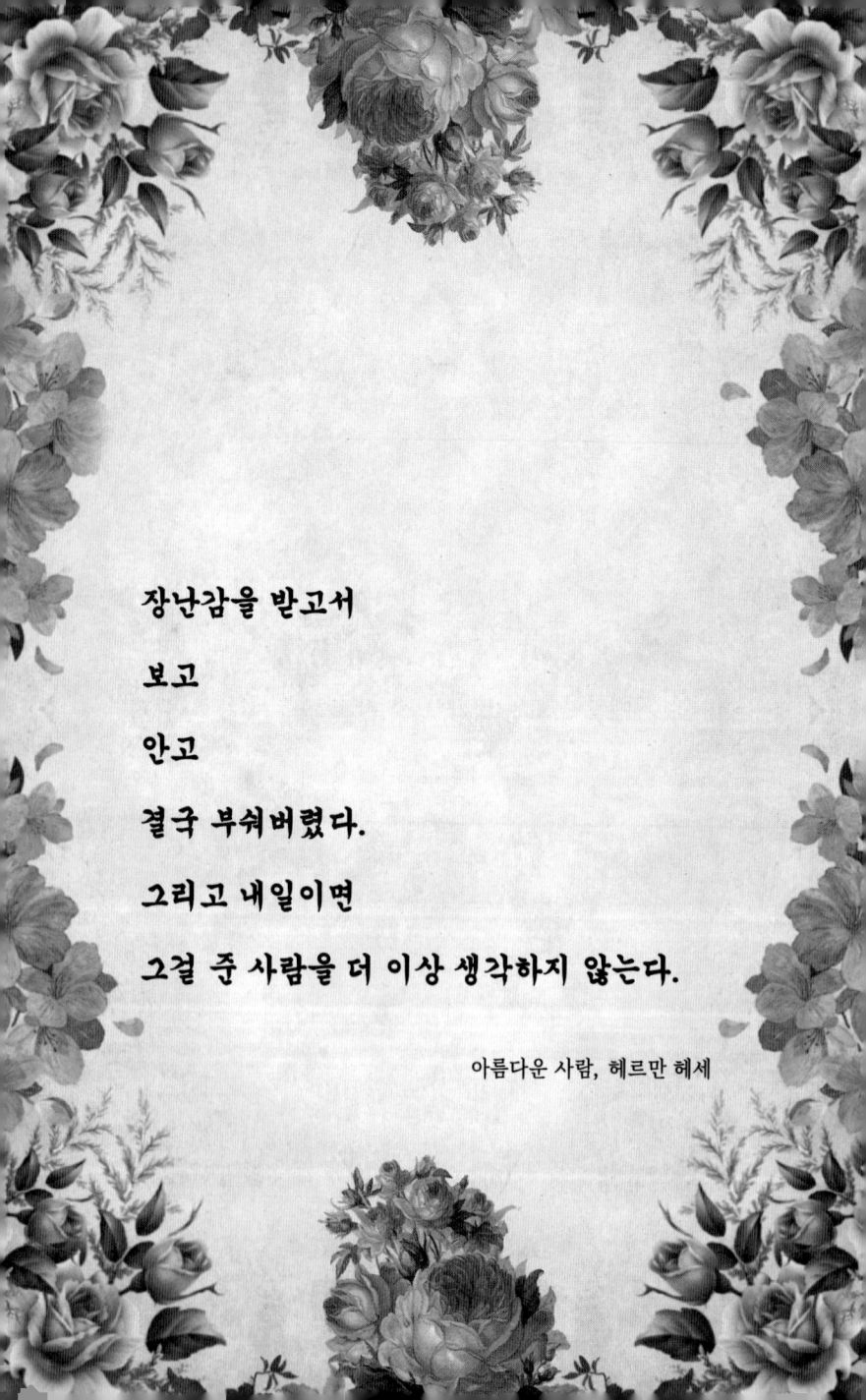

장난감을 받고서

보고

안고

결국 부숴버렸다.

그리고 내일이면

그걸 준 사람을 더 이상 생각하지 않는다.

아름다운 사람, 헤르만 헤세

연애는 일종의 통찰이다. 헤세가 바라본 아름다운 사람은 장난감에 애정을 품고 잠깐 갖고 놀다가 부숴버리고 잊어버린다.

잔인하다. 무심하다. 장난감을 망치다 못해 선물 준 사람까지 아예 기억에서 지워버린다.

그 다음날 사랑하는 사람에게 장난감을 준 화자는 어제 일을 까맣게 잊은 사람에게 연애를 시작하는 마음으로 선물을 주고 마음을 사로잡으려고 노력한다.

연애하다 보면 좋은 때도 있지만 나쁜 순간도 있다. 질투하고 토라지고 싸우고 이혼하고 별거하는 등 누구나 알고 있는 가슴 아픈 상황이 벌어진다. 이런 상황을 문장으로 표현했다.

그리고 내일이면 그걸 준 사람을 더 이상 생각하지 않는다

어느 누가 연인을 부숴버리고 잊어버리는 매몰찬 사람으로 묘사하는가.

동네 어르신들은 연애하는 커플을 보면 속 사정을 모르지만 어쨌든 좋은 때라고 말한다. 헤세는 그렇게 언급하지 않는다.

아름다운 사람 속에 들어가서 잔임함을 알아야만 쓸 수 있는 시를 썼다. 사랑하는 사람에게 준 쓸데없이 아름다웠던 심장이라고.

심장을 주었더니 고통으로 경련한다. 놀라운 건 그걸 받은 사람은 장난감을 부숴버리고 상대방을 생각하지 않는다.

8

백 년 문장을 벽에 걸었더니

백 년 전, 종이는 귀했다.

종이에 먹으로 남기는 글은 신중하다.

서걱서걱 소리 내며 써 내려간다.

한 글자 한 글자 옮기니, 글쓴이 호흡이 느껴진다.

빼닮고 싶은 단 하나의 문장을 선택한다.

문장은 옮겨 쓰는 사람 몫이 된다.

평생 그 문장을 쓰면 점차 닮아간다.

문장은 기도가 된다.

지옥을 만드는 방법은 간단하다.

가까이 있는 사람을 미워하면 된다.

천국을 만드는 방법도 간단하다.

가까이 있는 사람을 사랑하면 된다.

백범 김구

결국 모든 것이 나로부터 시작되는 것이다.
나를 다스려야 뜻을 이룬다.
모든 것은 내 자신에 달려있다.

소위 말하는 꽂힌 문장이 있다. 김구 문장이다. 죽비 소리처럼 나를 깨우치게 한다. 나에게 하는 소리가 아닌 걸 알면서도 백 년이 지난 지금 읽어도 충분히 적용될만한 문장이라서 나도 모르게 옷을 여미고 문장을 대하게 된다.

김구 선생은 나를 엄하게 다룰 것을 주문한다. 스스로를 통제하지 못한다면, 타인의 모범이 되지 못하고 쉽게 일을 그르친다고 보았다.

나에 대한 엄격한 관리는 나를 더 나은 사람이 되게 한다.

김구는 인간에 내재된 악한 심보를 잘 알고 있었다.

언제나 리더로 있었기에 주요 보직에 있는 사람들이 나태함에 빠질 때마다 질책하는 엄중한 문장을 찾아볼 수 있다.

칭찬에 익숙하면 비난에 마음이 흔들리고,
대접에 익숙하면 푸대접에 마음이 상한다.

김구는 타고난 지도자였다. 평생 해온 직업과 직책만 나열해도 몇 페이지를 할애할 정도다.

집은 좁아도 같이 살 수 있지만,

사람 속이 좁으면 같이 못 산다.

백범 김구

김구의 주요 직업과 직책을 간추려보았다.

공주 마곡사 승려, 봉원사 승려, 평양 대보산 영천암 주지, 진남포 예수교회 에버트 청년회 총무, 재령 보강학교 교장, 농장 관리인, 임시정부 초대 경무국장, 내무총장, 국무총리 대리를 거쳐 1926년 12월 국무령이 되었다.

재중국 거류민단 단장을 거쳐, 1940년 한국독립당을 창당, 한인 애국단 조직, 4.29 윤봉길 의거 주도, 충칭에서 한국광복군을 조직했다. 1946년 2월에는 비상국민회의 부총재 취임을 시작으로 대한독립촉성중앙협의회, 민주의원, 민족 통일 총본부를 리드했다. 민족 통일 운동을 했다.

내 힘으로 할 수 없는 일에 도전하지 않으면,
내 힘으로 갈 수 없는 곳에 이를 수 없다.
사실 나를 넘어서야 이곳을 떠나고
나를 이겨내야 그곳에 이른다.

김구는 임시정부를 설립 독립운동을 전개하였기에 현장에서 체득한 인간 본성을 경계하였으며 계도하려 했다.

상처를 키울 것인지 말 것인지도 내가 결정한다.
그 사람 행동은 어쩔 수 없지만 반응은 언제나 내 몫이다.

다른 사람들의 가슴에 상처를
입히지 말라.
그대의 불편한 감정과 독기는
결국 자신에게로 돌아오느니라.

인디언 격언

인터넷에 올린 댓글들이 전쟁을 벌인다.

독설과 비난이 날아다닌다. 허약한 마음에서 비롯된 글에는 분을 참지 못한 악성 리플을 양산한다.

기자들이라고 해서 다르지 않다. 객관적인척 하지만, 대중이 알 권리를 주장하면서 악플 같은 기사를 쓰는 기자들이 일부 있다. 어떻게든 시선을 끌기 위해 자극적인 단어를 노출한다. 싹쓸이, 찍어 누르다, 꺾고, 대폭락 등과 같은 과장되거나 자극적인 단어를 즐겨 쓴다.

나쁜 뉴스에는 자연히 악플이 오고 간다. 댓글을 쓰는 누리꾼은 익명성에 숨어서 시기, 질투, 비아냥, 분노를 과감하게 드러낸다.

악담은 악마적인 속성이 있다. 은근 재미있는 구석이 있어서 귀를 기울이게 한다. 남을 비꼬고 힐난하는 내용에는 비약이 숨겨있다. 어이가 없을 정도로 비논리가 난무하는데 맞장구치며 리액션을 하다 보면 어느 순간 비웃음에 동조하게 된다. 동의한 순산, 공범이 되는 셈이다.

악의를 품은 소문은 인류가 있는 곳에는 어김없이 따라다닌다. 상대를 불편하게 만들고 상처 입힌다. 숨은 본능을 참지 못하고 드러낸 것이 아닐까, 의심스럽다.

공동생활을 영위하던 인디언에게 악담은 공동체의 결속을 해체시킨다. 그래서 공동생활에 규칙이 필요하다.

인디언 격언 중에 타인을 향한 악담은 다시 자신에게 돌아온다며 자연스럽게 아래 세대에게 전해졌다.

격언은 오랜 세월 경험을 통해 나온 이치를 말하는데, 이 말이 처음 나왔을 때는 몇 백 년 전인지 몇 천년 전인지 헤아릴 수 없다. 선조부터 후손까지 내려온 규칙에는 인간의 본능을 통제하는 규정이 담겨있다.

악담은 자극적인 재미가 있어서 빠르게 전염된다. 환절기에 감기가 퍼지듯이 빠르게 확산된다.

이런 악담은 부메랑처럼 돌아온다. 이것은 동서양을 막론하고 세대를 뛰어넘는 진리다.

누군가에게 악담을 퍼부으면 그 대상이 된 당사자도 악담을 전해 듣고 보복을 감행한다. 때로 인디언 공동체 같은 곳에서는 원시 부족을 붕괴시키기도 한다.

인디언 추장은 엄숙하게 규정을 준수할 것을 부족민에게 주문했을 것이다. 남의 가슴에 상처를 주지 말라고.

공동 사회 속에서 조화롭게 살아가려면 지켜야 할 문장이다.

니체도 악담과 관련하여 문장 하나를 남겼다.

충고하건대 친구들이여, 남을 벌하려는 충동이 강한 자 모두를 경계하라!

악담의 속성을 간파한다.

인간은 마치 신이라도 된 양, 의기양양하여 남을 벌주려는 충동이 있다. 어느 시대건 어떤 지역이던 악담을 하는 사람이 존재했다는 사실이 놀랍기만 하다.

말할 수 없는 것에
대해서 침묵하라.

루드비히 비트겐슈타인

나이가 들어 노년이 되면 인생을 심플하게 추구하는 경향이 있다.

멋진 문장을 남긴 작가, 위인들 생활 패턴은 단순했다. 서로 약속이라도 한 듯 소박하게 살아갔다. 여기 소개하는 대표 철학자 비트겐슈타인도 단순한 삶을 추구했다.

철학도들에게 인기 있었던 비트겐슈타인은 불후의 저작 '논리철학 논고'를 완성하고 명문장을 썼다.

말할 수 없는 것에 대해서 침묵하라.

누구나 아는 평범한 문장이지만 막상 실천하려면 어려운 문장이다. 평생을 살아도 실천에 옮기기 힘들다.

동서양을 막론하고 말조심을 강조한다. 말은 하는 것이 아니라 하지 않는 것이다. 사람들은 자신이 모르는 것도 아는 체한다. 불필요하게 말을 많이 하다 보면 자연스레 실수를 범한다. 본능적으로 비밀을 누설하고 싶은 본능이 있다. 말을 하지 않으면 입술이 절로 씰룩거린다. 힌트를 주고 싶어하고 비밀을 혼자 알면 화병 난다.

결국엔 말하지 않아도 될 것을 말해서 분란이 생긴다.

비트겐슈타인은 1889년 오스트리아 빈에서 철강 재벌의 막내로 태어났다. 어린 시절부터 교향곡 전 악장을 외워서 음률 그대로 재연하여 주위 사람을 놀라게 한다. 기술학교로 들어가 재봉틀을 스스로 조립하는 재능을 선보이기도 했다. 베를린 공대를 거쳐 1908년 항공공학을 연구하면서 수학에 관심을 갖다가 러셀의 수학 원리를 접하며 철학적 기초에 본격적으로 관심을 갖기 시작한다.

1912년 22살의 나이로 케임브리지 대학에 입학해서 스승 버트런드 러셀을 만난다. 오히려 스승 버트런드 러셀이 제자인 비트겐슈타인에게 영감을 받는 놀라운 상황이 벌어진다.

1915년 1차 세계대전이 터지자 오스트리아 헝가리 제국 군대에 입대한다. 그곳에서 용기, 강인함, 대담함으로 훈장을 받았다.

1918년 이탈리아 전선에서 포로로 잡힌 5년 동안 상황에 굴하지 않고 철학적 작업들을 정리하여 책으로 썼다. 대표작이 '논리 철학 논고'이다.

1922년 러셀의 도움으로 영국에서 출판되었다. '논리철학 논고'는 철학자와 수학자들에게 폭발적 관심을 끌었다.

1929년 39세에 케임브리지 대학에서 박사학위를 받으며 강의를 시작했는데 그는 심플함을 추구했다. 옷차림도 간편히, 식사도 간단히, 나머지 시간은 철학적 사색에 몰두했다.

1947년에 철학교수를 사임하고 아일랜드 시골 마을로 이사가 혼자만의 생각에 집중한다.

1951년 암으로 숨진 이후, 노르웨이 오막살이에서 집필한 '철학적 탐구'가 사후 발간되었다. '논리철학논고'에 대한 반성적인 내용을 담고 있다. 자아비판하며 삶과 동떨어진 철학 언어를 경계한다. 마치 젊은 날의 자신에게 보내는 문장 같았다.
세간에서 뛰어나다고 평가받는 철학자의 문장은 자신을 둘러싼 세계를 관조한다.

'말할 수 없는 것에 대해서 침묵하라'와 더불어 대표 문장이 '논리철학논고'에서 나온다. 철학적인 용어, 관념어, 전문 용어를 자제하고 일상어로 돌아올 것을 주문했다.

**자꾸 이상적인 언어를 만들어 설명하지 말고
일상적인 언어로 돌아오라.**

여기서부터 백 년 문장이 시작된다.
백 년 문장 단어들은 어렵고 생소한 관념어가 아닌 일상 언어로 되어 있다. 누구다 다 아는 일상어가 백 년 문장이 된다는 건 우연일까 필연일까.

살기 위해 먹으라

먹기 위해 살지말고

미국 정치가, 벤자민 프랭클린

잘 사는 것이 먼저일까, 잘 먹는 것이 먼저일까.

 살기 위해 먹으라고 한다. 풀어보면 음식을 섭취하는 것보다 삶이 먼저라는 뜻이다. 이런 뜻으로 해석하면 되는구나, 생각하며 스킵 하려는데, 뭔가 잡아끄는 느낌을 받았다. 그냥 지나치면 안 될 것 같았다. 식생활의 변화를 깨닫는다면 이 문장이 정말 중요하다는 것을 깨달을 수 있다.

 현재 대한민국 식탁을 생각해 보면 다이어트가 식생활에 영향을 미친다는 걸 알 수 있다. 다이어트하려고 일부러 굶는 강제 빈곤 시대다. 영양에 필요한 음식만 섭취하고 건강한 몸매를 만들려고 노력한다. 체내 지방 비율을 따지고 체중을 정확하게 인지한다.

 백 년 전 대한민국 식생활은 이렇지 않았다. 음식이 턱 없이 부족했고 땀 흘려 노동을 해도 배고픔이 쉽게 해결되지 않았다. 그런 시절에도 후세들을 낳아서 길렀기에 가난이 되풀이되었다.

 인류 역사는 음식을 확보하기 위해 치열하게 살아갔다.

 허나 발달한 문명 덕분에 먹겠다는 욕망이 작아졌다. '점심을 먹다'가 아닌 '점심을 곁들인다'가 대세가 되었다. 못 먹던 시절에는 먹는다는 행위가 중요했지만, 부지런한 직장인들에게 먹는다는 의미는 곁들인다는 의미로 바뀌었다.

 살기 위해 먹는 시대. 삶이 먼저인 시대다. 백 년 문장 중 가장 중요한 문장이다. 살기 위해 우리는 이 여정을 걸어왔던 것이다.

백 년 문 장

초판 (한정본) 발행 2019년 9월 15일
디자인 이마로, 채PD
펴낸이 이일로
펴낸곳 도서출판 라이프하우스
등록일 2009년 2월 24일
대표 전화 0505)369-3877 / 팩스 02)6442-3877
출판사 블로그 http://blog.naver.com/windpaper
가격 13,900원

이 책에 실린 모든 내용, 디자인, 이미지, 편집 구성의 저작권은 도서출판 라이프하우스와 저자에게 있습니다. 허락 없이 복제하거나 다른 매체에 옮겨 실을 수 없습니다.

ISBN 979-11-87271-13-0   03810

> 이 도서의 국립중앙도서관 출판예정도서목록(CIP)은 서지정보유통지원시스템 홈페이지(http://seoji.nl.go.kr)와 국가자료종합목록 구축시스템(http://kolis-net.nl.go.kr)에서 이용하실 수 있습니다. (CIP제어번호 : CIP2019025544)